汉唐考古与中华文明系列丛书

汉代东王公图像研究

庞政／著

上海古籍出版社

本成果受到四川大学双一流区域历史与边疆民族学科群资助

目　　录

图表目录

序：展望中国神话考古的
广阔前景

霍 巍

庞政博士的著作《汉代东王公图像研究》一书嘱我写序，这让我不禁想到近年来中国考古学研究中一个重要的领域——神话考古。如果仅从狭义的考古学去理解，"神话"和"考古"这两者之间完全是两个截然不同的范畴，神话虚无飘渺，考古讲究实证，似乎很难把两者扯到一块儿。但事实上，在出土和传世的考古材料中，有很大一部分都与神话传说有关。阅读前人的著作，我甚至认为，将神话考古作为一个研究领域，也未尝不能成立。

史前时代考古，除了建立考古年代学框架和区系类型体系之外，近年来人们越来越重视对于中国早期思想意识、宗教观念与原始文明基本内涵、神灵与祭祀等内容的探讨，如河南濮阳西水坡仰韶时代出土的蚌塑龙虎图像，其文化内涵就相当丰富，冯时先生认为这是体现出远古人类"观象授时"的遗存，很有道理。同时，也可以推测，在距今6 500年前远古先民的观念形态当中，如龙、虎这类神灵动物，尤其是龙的构建，已经包含了大量远古的神话因素，只是这些神话有的流传下来了，有的则已经佚失。当我们面对这些考古出土材料时，就需要具备这种眼光，从不同的层面去加以认知和阐释。

进入到历史时期考古，我们更是要接触到许多和中国古代神话有关的考古材料，随着时代的发展，这个神话体系更为庞杂，中国本土的神灵，西方传来的神灵，有时还交互融合为一体，以更为丰富的面貌出现在文献记载和考古实物当中。例如，庞政博士这部著作当中所涉及的东王公图像，就是一个神话体系中的"大神"，只是过去更多的研究者是从宗教学或者从美术考古的角度来看待他的。

庞政的这部著作特点比较突出。首先，他从考古资料的收集、整理和年代排比的工作入手，将目前考古所见的东王公（也包括西王母）图像作了系统的梳理。从流行地域和相关年代这一时、空关系框架上，确定了研究对象的考古学背景，从而使得整个研究工作不是零散的、仅仅对个别材料的观察和阐释，而是具有一定时段、较为广阔空间的考古学考察。这体现了考古研究的基本原则：一是要拿足够多的材料来说话（或至少有几分材料说几分话）；二是对这些材料加以整理之后，可以看出其中的时、空体系和源流演变。

另一个我特别要推崇的特点，是本书合理地利用了传世文献材料。将考古图像材料和文献材料相互结合，观察东王公图像的源流演变，并且将其尽可能地放置到"原生状态"中去加以考察，从而能够发前人之所未发，形成自己独到的见解，这是尤其难能可贵的。

庞政在书中总结归纳出东王公图像的几个重要特征及其背后的历史意义和价值：第一，是东王公和战国秦汉以来逐渐流行的昆仑、蓬莱两大神话体系之间的关系。庞政认为，两汉时期，东王公与蓬莱神话的联系尚未明确建立，成熟期的东王公基本还是西王母的"镜像"。东汉晚期以来,东王公逐渐开始脱离西王母信仰,谋求独立神格与地位的提升,最终在道教等力量的推动下与东海蓬莱仙境相结合,治于海中蓬莱仙山之上。第二,东王公之所以从发展流变上看经历了从与西王母的结合,到脱离西王母而独立,并与蓬莱仙山相结合的过程,从时空节点上观察正处于汉末魏晋时期,而这个时期正是蓬莱神仙信仰再度复兴之际,图像的兴起与这一思潮之间有所关联。第三,东王公脱离西王母而独立,并与蓬莱神仙信仰的结合,既推动了蓬莱神仙信仰的复兴,也进一步促进了东王公独立神格和地位的获取,两者相辅相成。

这些观点是否能够最终被学术界所接受,可以在未来接受更多学者的学术检验,但我认为,这种求实创新的探索精神,是值得肯定的。

在我的学生当中,受我的影响,王煜曾经较为集中地关注和讨论过昆仑神话系统及其反映在考古材料中的诸多问题,发表过一系列的论著。庞政则更加专注于对蓬莱神话的研究。他们两人的博士论文,也都是围绕这两大神话系统的考古学研究展开的。庞政的这部新作,可以视为对这一研究领域的进一步拓展。

我之所以同意他们去关注和研究这些看上去似乎并不那么"正宗正脉考古"的题目,源于我从内心深处一直以来就认为,无论是中国的考古还是外国的考古,只要是有值得研究的问题,这些问题本身也涉及历史发展进程中的人与社会、人与自然、人与神这些重大的话题,考古学为何要自设藩篱,自己跟自己过不去?

在方法论上也是这样,我从来喜欢跟学生讲邓公的一句话:管他白猫黑猫,能抓住老鼠就是好猫。做学问也是如此,考古的、美术的、文献的，只要能解决问题，"十八般武艺"都可以尽管使来，不管他哪门哪派。就拿庞政的这部新著来说，要说是历史时期考古的，可以；要说是美术考古，也未尝不可；要说是神话考古，也差不到哪儿去。所以贴什么标签不重要，实质性的内容更重要。当今一些考古研究的路子越走越窄，既没有"向四方的发展"，更没有"向上的增高"（傅斯年语），我担心迟早有一天会没有饭吃的。路总是人走出来的，只要是认认真真地在做学问，眼观六路，耳听八方，总比闭目塞听要好。

当然，将来能不能形成一个叫作"神话考古"的研究领域，这还要看大家的认知和实践。就跟美术考古这个概念一样，一边讨论，一边深化，也是成绩菲然。至于是"考古美术"，还是"美术考古"，两者之间是否有分有合，各有侧重，近来也有学者在讨论，这都是好事。庞政这部新著的出版，我相信也会引发大家的关注。尤其是对昆仑神话和蓬莱神仙这两个大的神话系统的深入研究，从考古学的角度能够有什么作为，庞政也做出了一些回应，这都是我要向学术界加以推荐的理由。

庞政从本科、硕士到博士，都一直跟着我学习，视野比较开阔，文献底子也较好，曾经和我合作过好几篇论文。这部新作完全是他独立完成的，也可以视为他向学术界这个神圣殿堂交上的一张"门票"，希望他能够进入到这个殿堂，看到这个殿堂中的九弯八曲、漫漫长路，也看到其中的无限风光、多彩世界。前面的路还很长，我祝愿他能够踏踏实实地一步步走下去，前景一定会是光明的。

2023 年 7 月 22 日于四川大学江安花园

第一章　绪　　论

　　秦汉时期的宗教信仰和思想观念问题向来是学界关注的焦点，不仅仅受到历史学、宗教学、民族学的重视，而且随着近年来考古资料的日益增多和研究视角的转换，逐渐受到考古学、艺术史等学科的青睐。这一时期，外来的佛教开始传入中国，与本土的宗教文化和意识形态发生碰撞和纠缠，为了取得更好的发展，佛教必须协调与中国本土宗教信仰和思想观念的关系，解决两者间的冲突与矛盾。另外，本土的道教开宗立派，社会流行的宗教信仰和思想观念是其重要的根基和文化土壤。这两个重大的历史事件，促使这一时期成为我国宗教和信仰最为重要的变革阶段，在中国古代社会历史中的重要性不言而喻。这种变革转型的性质和详情如何？回答这个问题，十分关键的一点在于这些新兴宗教（如道教）与中国传统宗教信仰的关系如何，是继承与发展，还是裂变与创新？无论如何，在究明这些问题之前，我们有必要先厘清中国本土的宗教信仰和思想观念的基本面貌，梳理有关的文献记载和考古资料，辨明其主要内容和表现形式，探索其源起、演变的发展脉络，以及相关内容之间的内在联系，这是理解变革问题的基础。

　　这一时期最为重要的传统宗教信仰恐怕莫过于神仙信仰，从目前的资料来看,上至统治阶级的皇帝,下至社会底层的百姓,无一不深受其影响。汉晋时期的神仙信仰并非一枝独秀,而是两花争艳,顾颉刚先生很早便提出中国古代的神话可分为两大系统,一个是昆仑系统,另一个是蓬莱系统[1]。昆仑和蓬莱是古人向往的两座仙山,以它们为核心形成了昆仑神仙信仰和蓬莱神仙信仰。在昆仑神仙信仰中,西王母等元素是信仰的关键,是学界关注的热点,相关的研究可谓洋洋大观[2]。蓬莱神仙信仰中,蓬莱、方丈、瀛洲是核心的三座神山,安期生、伯牙、巨鳌等神仙异兽是其中的关键内容,正是这些神山仙境、仙人异兽,通过方士们的奋力鼓吹,让秦皇汉武沉溺其中,不惜耗资巨大,入海求仙,痴迷的程度史无前例。蓬莱信仰不仅在秦汉时期盛行,后世道教中也大量吸收了蓬莱信仰的元素,成为教义的重要组成部分。众所周知,与西王母经常相对出现的另一位神祇是东王公,他与西王母的关系如何,与蓬莱信仰的关系又是怎样,可惜相关研究屈指可数,多是在讨论西王母时一带而过,我们目前还未能对东王公的基本面貌有一个清晰的认识。

近年来考古学和艺术史的发展,为汉晋时期神仙信仰的研究提

---

1 顾颉刚:《〈庄子〉和〈楚辞〉中昆仑和蓬莱两个神话系统的融合》,载朱东润、李俊民、罗竹风主编:《中华文史论丛》(总第十辑),上海:上海古籍出版社,1979年,第31—58页。

2 这里列举一些对本书影响较大的论著,[日]小南一郎著,孙昌武译:《西王母与七夕文化传承》,载小南一郎:《中国的神话传说与古小说》,北京:中华书局,2006年,第1—141页;[日]森雅子:《西王母的原像:中国古代神话におけるの地母神の研究》,《史学》(第56卷第3号),1986年;[美]巫鸿著,柳扬、岑河译:《武梁祠:中国古代画像艺术的思想性》,北京:生活·读书·新知三联书店,2006年;李淞:《论汉代艺术中的西王母图像》,长沙:湖南教育出版社,2000年;霍巍:《胡人俑、有翼神兽、西王母图像的考察》,载霍巍、赵德云:《战国秦汉时期中国西南的对外文化交流》,成都:巴蜀书社,2007年,第139—196页;王煜:《昆仑、天门、西王母与天神——汉晋升仙信仰体系的考古学综合研究》,四川大学博士学位论文,2013年。

供了机遇。墓葬是古人实践神仙信仰的绝佳场所,墓葬中出土的大量器物、图像和文字,是我们探究神仙信仰最为直接、有效的资料,其重要性不容忽视。但传统考古学多以材质分门别类,以出土资料的质地和形态为依据,进行整理研究。如此做法的优点在于,可以清晰地看到某类器物自身源起、发展的脉络,不足之处在于,缺少与其他相关器物的联系和对比,容易忽视器物之间存在的一些内在关联,而这些关联恰恰是古人思想观念的集中体现。值得注意的是,近年来艺术史学界的相关研究已经注意到这一点,将器物、图像等材料之间的界限打破,全面系统地提取其中的内在关联,分析背后蕴藏的历史背景,取得了令人耳目一新的成果,值得我们借鉴学习。笔者认为,以既存研究为基础,以大量考古材料为依据,全面系统地提取相关信息,紧密结合文献记载,并且吸收借鉴艺术史、神话学、宗教学等学科的方法与成果,对两汉时期东王公的研究将会有所推进。

本书的研究并非机械地以某类材料为考查的核心对象,而是以历史问题为导向和中心,通过数个专题论述构建起来的综合性研究。与本书直接相关的论述为数不多,这里仅对那些作为本题目的重要研究基础,或对于本研究具有重要启发意义的相关研究成果进行简要评述。其他一些具体的研究意见、论点,在后文相关章节的论述中再行展开。本书以东王公图像为基础,研究牵涉中国古代社会信仰,尤其与昆仑、蓬莱信仰直接相关。由于相关既存研究十分零散,不能很好地围绕某些中心问题来进行评述,以下姑且分为几个部分略作评述。

一、东王公图像与信仰

目前来看,对东王公的研究主要是从神话学和宗教学的角度[1]出发,其中涉及考古材料者十分有限。萧登福先生将《淮南子·墬形训》中"昆仑之丘,或上倍之……是谓太帝之居"[2]的"太帝"认为是东王公,理由是魏晋南北朝道教文献中称东王公为"扶桑太帝"。他又通过《吴越春秋·勾践阴谋外传》所说的"(勾践)立东郊以祭阳,名曰东皇公。立西郊以祭阴,名曰西王母"[3],以此认为在春秋末期吴越地区已经出现东王公和西王母信仰,但《吴越春秋》为东汉之人所撰,其中讹误附会之处是无法避免的,不可作为确证。此外萧登福先生还梳理了先秦时期的日神传说和信仰,认为东王公信仰来源于日神崇拜[4]。崇拜日神的记载最早见于《尚书·尧典》:"分命羲仲,宅嵎夷,曰旸谷,寅宾出日,平秩东作……分命和仲,宅西,曰昧谷。寅饯纳日,平秩西成。"[5]这是尧时祭祀日出日落的情形。到了商代,这种祭祀依然延续,胡厚宣先生曾论及此问题[6],所论商代祭日情形与《尚书》所记基本吻合。商代卜辞中有祭祀"东母"和"西母"的记载,有学者认为"东母"即是日神,且后来变成了东王公[7]。丁山先生

1　笔者目前看到较系统全面的论著屈指可数,且主要是从道教的角度出发,参见萧登福:《扶桑太帝东王公信仰研究》,台北:新文丰出版股份有限公司,2009年。

2　何宁撰:《淮南子集释》卷四《墬形训》,北京:中华书局,1998年,第328页。

3　(汉)赵晔撰:《吴越春秋》卷九《勾践阴谋外传》,南京:江苏古籍出版社,1999年,第139页。

4　萧登福:《扶桑太帝东王公信仰研究》,第27—47页。

5　(汉)孔安国传,(唐)孔颖达正义:《尚书正义》卷二《尧典》,载(清)阮元校刻:《十三经注疏》,北京:中华书局,1980年,第119页。

6　胡厚宣:《甲骨学商史论丛初集》,石家庄:河北教育出版社,2002年,第206—241页。

7　丁山:《中国古代宗教与神话考》,上海:龙门联合书局,1961年,第72、73页;[日]白川静著,王孝廉译:《中国神话》,台北:长安出版社,1983年,第130页。

说"我认为东王公宜是东王母传说的变相;甲骨文所谓'东母',决是日神",但他并未作过多的阐释。值得注意的是卜辞中还有祭"西母",又是与"东母"一起接受祭祀,陈梦家先生认为"西母"即是"西王母"[1]。

考古学和美术史学界对于东王公的研究寥寥无几,基本是在研究西王母时将其一带而过。巫鸿先生提出东王公仅是西王母的镜像,出现时间也不早于公元 2 世纪[2],学界对东王公的出现时间和性质也基本沿袭此说,且没有进一步开展更为深入的研究。以往认为东王公图像和文字记载最早出现在建初八年(83)"吴朱师作"铜镜中(图 1-1),上有"东王公""西王母"榜题铭文,东王公头戴进贤冠,与西王母相对而坐[3]。

另一个学界关注较多的话题,是东王公出现前哪位神祇与西王母组合的问题。信立祥先生认为东王公出现前,在东汉早期的祠堂画像中,与西王母对应的东壁画像还没有固定下来。到了公元 1 世纪后期,风伯作为与西王母形象相对应的男性大神被刻画在东壁上层,提出风伯即是箕星,可用于表示东方,且风伯为男性,从而与表示阴性、西方的西王母相对[4]。后来,李凇先生从"星相理论、阴阳理论、形式法则的角度"对信说提出质疑,并认为风伯与西王母的关系是"基于石祠艺术的目的,主要基于对人的生命的理解",提出"风伯吹开屋顶,是为了让墓主的魂能顺利升天,不至于被幽闭于墓室"的说法[5]。王煜先生从整体的眼光考察孝堂山祠堂,提出东壁山墙画

1　陈梦家:《古文字中之商周祭祀》,《燕京学报》(第 19 期),1936 年,第 131—133 页。
2　[美]巫鸿著,李凇译:《论西王母图像及其与印度艺术的关系》,《南京艺术学院学报(美术版)》1997 年第 3 期。
3　[日]冈村秀典:《后汉镜铭的研究》,《东方学报》(第 86 册),2011 年,第 64 页。
4　信立祥:《汉代画像石综合研究》,北京:文物出版社,2000 年,第 154 页。
5　李凇:《论汉代艺术中的西王母图像》,第 87—96 页。

图 1-1　建初八年(83)"吴朱师作"铜镜

(采自[日]冈村秀典:《后汉镜铭の研究》,《东方学报》

(第 86 册),2011 年,第 57 页,图 7-5)

像表现的为东夷不死之国和大人国,推测画像中的风雨雷电等神与长生不死之境和升天成仙相关[1]。根据信立祥先生的研究,箕星被东王公所取代,最早见于东汉(约公元 151 年)所建嘉祥武梁祠的山墙画像中[2]。巫鸿先生亦曾指出,汉代哲学中的阴阳观念十分盛行,时人将其应用于一切社会和自然现象,东汉早期祠堂内的西王母和箕星组合并不完美,在这种背景下东王公形象应运而生[3]。

---

1 王煜:《山东长清孝堂山祠堂山墙画像整体考释》,载丁宁、李淞主编:《2012 年北京大学美术学博士生国际学术论坛论文集》,西安:陕西师范大学出版总社有限公司,2013 年,第 34—37 页。
2 信立祥:《汉代画像石综合研究》,第 156 页。
3 [美]巫鸿著,孙妮译:《"阴阳理论"与汉代西王母东王公形象的塑造——山东武梁祠山墙画像研究》,《西北美术》1997 年第 3 期。

以上是学界关于东王公图像最为直接具体的专题讨论。近年来学界已注意到有关东王公研究的缺失,出现了一些更具综合性的论著,如张富泉先生的硕士学位论文《论东王公、西王母图像的流变及特征》,将东王公、西王母及其配饰图像视作一个完整的图像系统,再结合文献对图像系统所涉的各类物象进行释名,形成较为完备的图像志。并选取画像石和铜镜作为重点研究对象,利用考古类型学方法在对其进行分期、分区研究的基础上,探究东王公、西王母图像的流变及特征,进而对图像的性质与意义提出初步认识[1]。又如杨晨曦先生的硕士学位论文《汉画像石东王公图像研究》,首先对汉画像石东王公图像进行类型学分析,根据东王公图像底座的差异以及造型的不同,将其分为五型,系统归纳了不同类型东王公图像的发展变化,初步建立了东王公图像发展序列。其次,结合墓葬出土典型器物与相关文献,对东王公图像进行断代与分期,将其分为西汉晚期至东汉早期、东汉中期、东汉晚期三个阶段,并概括总结在不同阶段东王公图像的造型与刻画特点。随后,重点讨论了东王公图像的区域特色,根据图像的分布与造型差异,将其分为两大区域,并系统归纳了各区域特点[2]。

此外,还有一些有关东王公图像与信仰的讨论。如陕西地区的汉画像中,常常在一般被认为是东王公图像出现的位置处刻画有六博对弈图案,并且与西王母图像相对,李凇先生提出不宜将此六博图案中的人物认定为东王公,可称作陕北版仙人六博图[3]。陈履生先

---

1 张富泉:《论东王公、西王母图像的流变及特征》,暨南大学硕士学位论文,2012年。
2 杨晨曦:《汉画像石东王公图像研究》,山东大学硕士学位论文,2021年。
3 李凇:《论汉代艺术中的西王母图像》,第138页。

生曾对历代神话中的主神作了深入探讨,提出西王母与东王公是汉代神话中继伏羲、女娲之后的重要主神,是中国神话主神发展的重要阶段[1]。王戈先生结合历史背景分析了伏羲、女娲与东王公、西王母关系之演变[2]。管维良先生以铜镜为切入点对西王母、东王公图像以及相关问题作了简要分析[3]。高文萍先生对汉代铜镜中的东王公图像和铭文做了简要的梳理,提出东王公图像多出现在画像镜中,并对这些铜镜特点作了总结[4]。李东峰、杨文艳先生对汉代西王母与东王公神话试作历史考察,提出东王公与西王母相会传说来源于战国时周穆王与西王母的故事,作为阴阳之神的东王公与西王母并祀后,具有长寿、富贵保护神的文化意蕴[5]。牛天伟[6]、邢义田[7]、王苏琦[8]、林巳奈夫[9]、曾布川宽[10]、简·詹姆斯[11]等学者也在一定程度上对东王公图像进行了有益的探索。

1　陈履生:《神画主神研究》,北京:紫禁城出版社,1987年。
2　王戈:《从伏羲、女娲到东王公、西王母——山东地区汉代墓祠画像石神话题材》,《美术研究》1993年第2期。
3　管维良:《中国铜镜史》,北京:群言出版社,2013年。
4　高文萍:《汉代铜镜中的东王公图像研究》,载中国汉画学会、四川博物院编:《中国汉画学会第十二届年会论文集》,香港:中国国际文化出版社,2010年,第38—40页。
5　李东峰、杨文艳:《汉代西王母与东王公神话的历史考察》,《宝鸡文理学院学报(社会科学版)》2007年第2期。
6　牛天伟:《汉晋画像石、砖中的"蚕马神像"考》,载朱青生主编:《中国汉画研究》(第1卷),南宁:广西师范大学出版社,2004年,第89—101页。
7　邢义田:《画为心声:画像石、画像砖与壁画》,北京:中华书局,2011年。
8　王苏琦:《鲁南苏北地区汉画像石西王母图像系统释名》,载浙江省博物馆编:《东方博物》(第十八辑),杭州:浙江大学出版社,2006年,第21—32页。
9　[日]林巳奈夫:《漢代鬼神の世界》,《东方学报》(第46册),1974年。
10　[日]曾布川宽:《漢代畫像石にぉける昇仙圖の系譜》,《东方学报》(第65册),1993年。
11　Jean. M. James, *An iconographic Study of Xiwangmu During the Han Dynasty*, Atibus Asiae Vol.LV, 1/2, 1995.

二、一般思想与信仰

从核心内容来讲,本研究是以东王公图像为基础的有关早期中国思想和信仰的论述。关于中国古代思想、宗教信仰的历史叙述,往往存在一种模式,就是将研究对象截然地分为两个部分,根据当时的历史记载,一种是保存在正史系统中的各类官方祭祀的神灵与宗教礼仪,另一种是散见于各书中的"怪力乱神"。而以往学者多是关注那些历史上的思想家和经典论著,思想史也就成为了思想家的历史。余英时先生在《东汉生死观》中提到思想史家的二元思维,就是将研究对象划分为两个层次:一个是"高层次"、正式的思想;另一个是"低层次"、民间的思想。余先生已经注意到学界往往关注前一层次的论述而忽视民间思想。他认为思想史与社会史的结合研究是探讨民间思想的关键[1]。

蒲慕州先生在辨析民间信仰时,亦提到了"通俗信仰""上下阶层""大小传统"等分别,注意到不能简单地用"精英、民众""大传统、小传统"等二分法做解释。提出中国古代的宗教分子可以分为官方、智识分子和通俗三个方面,其中的通俗部分就是民间信仰。虽然蒲先生将古代宗教信仰分为了三部分,但已经注意到各部分之间的联系,民间信仰也会被上层阶级所接受。他认为官方和民间的差别,在于信仰崇拜的仪节和目的不同,而非根本的宇宙观和道德观,也就是说社会各阶层之间存在一个共同的信仰与思想。蒲慕州先生进一步提出官方宗教的目的偏重于国家社会的福祉,民间信仰的目的主要在于求得一己之福。此外在研究方法上,蒲先生注意到虽然研究所

---

1 余英时著,何俊编,侯旭东等译:《东汉生死观》,上海:上海古籍出版社,2005年,第3页。

能用到的材料,尤其是文献资料,几乎都是上层社会的遗产,但通过细心比较,可以从中发掘民间文化的面貌[1]。

近年来,葛兆光先生在他的《中国思想史》一书中对只注重思想家和经典的"经典话语系统"提出质疑。提出思想史对于精英和经典的历史性地位的确认,常常是由于"溯源的需要""价值的追认""意义的强调"等原因。他深刻反思了二元割裂的叙述模式,强调在两者的背后有一个共同的大背景,就是在现实人们生活的世界中,也存在着一种接近平均值的知识、思想和信仰,作为背景和底色,确实对人们对眼前世界的判断、解读和处理具有一定的意义。所以,精英思想与经典思想,一般社会与生活之中,还存在一个"一般知识、思想与信仰的世界"。所谓的一般知识与思想,就是指最为广泛普遍地被具有一定知识的人所接受、掌握和使用,并非天才的发明,亦不是难以琢磨的高深理论,而是一种普遍认可的知识与思想,成为人们生活的规则[2]。本书所要探讨的东王公图像与信仰正是一般思想与信仰中的底色。此外葛先生在书中提倡的扩展资料范围,加强对考古文物、图像资料的运用,也是本书所奉行的基本研究策略。

三、蓬莱神话与信仰

在宗教和思想史研究的指引下,具体到本书是关于东王公图像与信仰的考察,其中蓬莱信仰与之关系最为紧密。有关蓬莱信仰的研究为数不多,多以专题论述的单篇论文为主。综合性的研究较

---

1 蒲慕州:《追寻一己之福:中国古代的信仰世界》,上海:上海古籍出版社,2007年。
2 葛兆光:《中国思想史·导论》,上海:复旦大学出版社,2001年,第9—24页。

少，主要有台湾学者高莉芬先生的《蓬莱神话：神山、海洋与洲岛的神圣叙事》[1]一书以及华中师范大学陈刚先生的博士学位论文《唐前蓬莱流变考》[2]。

学界对于蓬莱的关注较少，远不及昆仑，正如东王公远逊于西王母，高莉芬先生的论著可以说是第一部有关蓬莱信仰较为全面的综合研究。高先生在既存研究的基础上，全面收集梳理古代文献中有关蓬莱的记载，运用神话母题的分析方法，采取比较神话学的观点视角，审视蓬莱神话背后蕴藏的神话思维，重点讨论蓬莱信仰中神圣空间的叙述思维，揭示了深层次的象征思想。全书从神圣仪式、海洋思维、壶象宇宙三个维度切入，具体探究了封禅仪式与蓬莱神话的关联，并从海洋、神山洲岛与"壶"的神圣叙事中，探索背后的神话思维与宇宙观念。提出蓬莱是在我们生活的此界俗世中所构建神圣他界的永恒回归神话。蓬莱神山作为海洋中的神圣山岳，是海中的圣域，承载着古人对环境、信仰的知识以及对宇宙认知的模式。高书主要是从文献出发，以神话学的角度分析问题，其中虽也运用了一些画像石等图像材料作为佐证，但总体来说缺乏文物考古视野和对考古资料的把握运用。

另一部较为重要的综合性研究是陈刚先生的博士论文，全文以古代文献记载为基础，以民间流传的传说故事、田野调查和考古资料为参照和佐证，主要探讨了蓬莱神话的产生，在先秦、秦汉、魏晋南北朝时期的演变发展以及背景和原因。从方法论上来讲，陈文以荣格

1 高莉芬：《蓬莱神话：神山、海洋与洲岛的神圣叙事》，西安：陕西师范大学出版总社有限公司，2013年。
2 陈刚：《唐前蓬莱神话流变考》，华中师范大学博士学位论文，2011年。

的集体无意识和文化决定性格的观点为理论分析蓬莱神话,提出蓬莱神话是中国传统文化和民族心理的体现,是中华民族的原始意象之一。并且通过考察蓬莱神话的演变发展过程和原因,勾勒出传统文化和民族心理的变化轨迹,从而认为神圣与世俗是不可分割的人类生存世界,蓬莱神话在当今世界依然具有举足轻重的作用。陈文几乎是以文献材料为支撑,从文献记载中勾勒蓬莱神话的流变轨迹,资料较为详实,让我们对蓬莱神话某些面貌有了大体的认识。不足之处在于未能跳脱出文献自身的局限,不能很好地分辨文献的价值与意义,并且十分缺乏与其他相关材料的结合。文中虽然提到了一些考古材料,但数量上屈指可数,且缺乏对考古资料的把握和应用能力,不能很好地将文献记载与考古资料相印证。虽然在一开始便提到昆仑和蓬莱两大神话体系,但全文仅仅关注到蓬莱神话的流变发展,未能与昆仑神话进行对比,也是十分可惜之处。

此外,学术界较为重要的议题是关于昆仑神话和蓬莱神话的关系,有关此问题的代表性论著当首推顾颉刚先生的《〈庄子〉和〈楚辞〉中昆仑和蓬莱两个神话系统的融合》[1]一文。顾文首先指出中国古代有两大神话系统,即昆仑神话和蓬莱神话,而昆仑神话发轫于我国西部高原一带,后来传播至东方,并结合了大海环境,在燕、齐等滨海之地产生了蓬莱神话。此后,两大神话系统各自在流传中发展,在战国中晚期被古人结合起来,组成了一个全新的统一的神话世界。顾先生进一步指出,昆仑神话在两周时期已经零星地传入中原,大量传入是在战国时期,激起了齐人"海上三神山"的传说和求仙的欲望,

---

1　顾颉刚:《〈庄子〉和〈楚辞〉中昆仑和蓬莱两个神话系统的融合》,载朱东润、李俊民、罗竹风主编:《中华文史论丛》(总第十辑),第31—58页。

蓬莱神话由此诞生。有关战国时期两大神仙信仰,顾颉刚先生通过梳理《山海经》《庄子》《楚辞》等历史文献,注意到其中存在大量有关昆仑神话的内容,而有关蓬莱神话的内容出现较晚,印证了蓬莱神话是昆仑神话东传的产物。蓬莱神话出现后,渐渐地在当时的文字记载中出现,有些与昆仑神话共同出现,顾颉刚先生认为是二者结合形成统一的神话世界的表现。

另一项重要的研究是李炳海先生的《以蓬莱之仙境化昆仑之神乡——中国古代两大神话系统的早期融合》[1]一文。开篇首先指出中国早期神话的兴盛往往与帝王联系密切,进而得出燕、齐侯国君主热衷入海求仙是蓬莱神话在战国中晚期蓬勃发展的主要原因,并且齐、燕之国地处东部滨海之地,他们对于产生于西北地区的昆仑神话比较疏远。关于秦代,李先生指出秦始皇是促使蓬莱神话兴起的另一位帝王,而且文献中也未见到秦始皇与昆仑神话的关联。之后李先生用大量的篇幅对武帝时期的求仙活动进行了分析,提出汉武帝在求仙时兼顾了昆仑神话和蓬莱神话,是致使两大神话系统融合的关键。李文强调这样的融合在武帝一朝虽然还未能完全出现,但为此奠定了基础。值得注意的是,李先生注意到武帝时期两大神话虽然并存,但存在地位的差异。他认为汉武帝对蓬莱神话的倾斜度更大,蓬莱神话对社会的影响也就超过昆仑神话。蓬莱神话处于融合过程中的主导地位,因此昆仑神话常常受到蓬莱神话属性的影响而发生变化。但汉武帝热衷蓬莱信仰的影响力究竟有多大,在武帝之后以至于东汉时期,蓬莱神话是否还居于主导,这些问题是文中没有

---

[1] 李炳海:《以蓬莱之仙境化昆仑之神乡——中国古代两大神话系统的早期融合》,《东岳论丛》2004 年第 4 期。

提到的,并且文中忽视文物考古资料对于探讨这一问题的重要作用。只有将文献与文物资料有机地结合起来,并通过一个较长时段的梳理和分析,才能对战国秦汉时期两大神仙信仰地位的变化有一个基本的认识。

四、昆仑神话与信仰

昆仑和蓬莱是古代两大神仙信仰系统,在对蓬莱信仰有了基本的认识之后,我们需要提到有关昆仑信仰的既存研究成果。相关成果十分丰硕,限于学力和篇幅,这里以近年来有关昆仑神仙信仰最为全面综合的研究为例进行评述。近年来最为重要的研究当是四川大学王煜先生的博士学位论文《昆仑、天门、西王母与天神——汉晋升仙信仰体系的考古学综合研究》[1],此文中的许多章节还曾以单篇论文的形式公开发表。王文开篇的研究综述可以说是有关汉晋时期昆仑升仙信仰成果的一次集中展示,对既存研究进行了认真的梳理和分析,所论甚详,这里我们不再赘述,而是对王文的主要成果做一说明。王文首先逐一梳理了汉晋时期昆仑、天门、西王母、天神等相关文献、文物材料,以材料为基础和出发点,逐步构建它们之间的系统性,进而揭示汉晋时期升仙信仰的体系,这是文章的主要研究思路。具体来说,第一章昆仑材料梳理和研究中,揭示了其普遍性和多样性,结合文献材料,阐明其中心性的特点,建立起以昆仑为中心的升仙信仰。第二章,梳理了天门材料的各种类型,结合文献材料,讨论天门与昆仑的关系,即二者是如何结合和演变的。第三章在前人对

---

[1] 王煜:《昆仑、天门、西王母与天神——汉晋升仙信仰体系的考古学综合研究》,四川大学博士学位论文,2013年。

西王母材料已有全面梳理的基础上,重点考察西王母与昆仑、天门的结合,以及西王母在升仙信仰中的性质和地位,进一步论证西王母是升仙信仰中的关键点而非目的地。第四章有关汉晋天神材料的研究中,着重关注了与昆仑信仰有关的太一,手拥伏羲、女娲大神,伏羲、女娲以及相关星宿。第五章考察了汉晋时期的升仙途径。在这些基础上,构建起一个以昆仑为中心,以天门和西王母为关键,以天界为归宿,并以最高天帝太一为主神的升仙体系。王文最大的贡献在于,在既存研究的基础上,打破传统研究的分门别类,重新整合和审视相关材料,提出许多新的见解,并且将看似分散的材料运用严密的逻辑整合起来,逐步构建其间的联系,最终揭示出一个较为完整的升仙信仰体系。

目前对于东王公的研究在深度和广度上尚有进一步探索的空间,对于东王公信仰源起与发展,东王公形象特点及其侍从,东王公与西王母的关系等问题上还需深入讨论,其中东王公与蓬莱信仰的关系尤其值得重视。魏晋时期东王公与蓬莱固定组合在一起,成为蓬莱仙山的主神,推动了蓬莱信仰的复兴,并且与昆仑、西王母相对应,这是后期建构的结果,道教在其中发挥了重要作用。但汉代的情况又是如何,有观点认为汉代的东王公已经具有独立的神格,并且居于东海仙山[1]。那么汉时的观念是否确实如此,东王公与蓬莱信仰的关系如何,东王公是在怎样的背景下与蓬莱信仰结合起来,对蓬莱和昆仑两大信仰的发展具有怎样的意义,东王公在蓬莱信仰和昆仑信仰的地位消长过程中扮演了怎样的角色。在目前对东王公知之甚少的情况下,为了回答这些问题,笔者认为有必要对东王公考古图像

---

1 萧登福:《扶桑太帝东王公信仰研究》,第1—6页。

和文献材料进行一番较为全面的梳理,在此基础上提出一些具体问题加以讨论,有助于我们深入了解东王公图像的基本情况和产生演变的发展轨迹。只有在搞清楚这些基本问题后,我们才能对东王公与蓬莱神仙信仰的关系有一个较为基本的认识,进一步还可以反观西王母图像和昆仑信仰,从不同的角度得出一些新的认识,更全面地揭示汉代社会的神仙观念和信仰。

需要说明的是,本书所论材料主要集中在汉代文物图像与文献材料,魏晋时期的文化面貌和社会信仰与汉代一脉相承,某些研究材料会延伸到魏晋之际,如甘肃地区的魏晋壁画墓和南方地区的铜镜会下探到这一时期。

第二章 东王公图像的出现及其
与东海信仰的关系

第一节 西汉东王公图像新证：刘贺墓
衣镜与双龙汉墓彩绘木尺

海昏侯刘贺墓是近年来重大考古发现之一，出土了非常丰富的遗物，其中位于主椁室西室的衣镜引起了学界极大的关注。在镜框盖板、背板等处绘制了精美的图案和保留了大量文字记录，值得注意的是在镜框上方边框绘有东王公、西王母图像以及镜掩处有关于二人的文字记载，这应该是目前所见最早的东王公图像和文字资料，以及最早的西王母图像之一，也是迄今最早的西王母与东王公组合的图像。打破了学界以往普遍认为东王公图像出现于东汉时期的认识，对于研究汉代西王母、东王公图像的产生及相关问题提供了新的材料[1]。

前文对东王公图像的相关研究进行了简要梳理，在对海昏侯墓

---

1 近来已有学者注意到衣镜材料的重要性，以衣镜为线索对汉代东王公图像和信仰进行了有益探索，详见刘子亮、杨军、徐长青：《汉代东王公传说与图像新探——以西汉海昏侯刘贺墓出土"孔子衣镜"为线索》，《文物》2018 年第11 期。

出土衣镜分析之前,还有必要回顾下学界以往对于西王母图像的一些认识。学界对于西王母图像的研究众多,但对其产生出现这一重要问题论说较少。关于出现时间,以往多数意见认为最早的西王母图像出现在洛阳地区的卜千秋墓中[1],墓葬年代为西汉中期稍晚的昭宣之时[2]。此外微山县微山岛西汉中晚期石椁侧板上也有西王母形象[3]。从图像的视觉表现出发,巫鸿先生认为早期的西王母图像表现为侧面,之后在佛教的影响下表现形式转变为正面[4]。此外还有学者从社会阶层的角度提出早期西王母图像都出现在社会中下层,上层社会并不十分崇拜西王母,直到西汉末期以后尤其是东汉以来,上层社会才完全吸纳西王母信仰[5]。

以上是目前学界关于西王母图像与东王公图像产生出现及图像组合等问题的一些认识,这些研究都有一定的价值,但也存在进一步探索的空间。本节拟在刘贺墓新出土衣镜的基础上并结合相关材料展开讨论,提出一些新的认识。

一、海昏侯刘贺墓衣镜与连云港汉墓彩绘木尺

衣镜[6]出土于海昏侯墓主椁室的西室中部靠近西壁的地方,倒伏在地,残断为数块。复原后可知,衣镜由镜掩、青铜镜和镜框三部

---

1 李凇:《论汉代艺术中的西王母图像》,第38、39页。
2 洛阳博物馆:《洛阳西汉卜千秋壁画墓发掘简报》,《文物》1977年第6期。
3 微山县文物管理所:《山东微山县近年出土的汉画像石》,《考古》2006年第2期。
4 [美]巫鸿著,柳扬、岑河译:《武梁祠:中国古代画像艺术的思想性》,第149—157页。
5 王煜:《昆仑、天门、西王母与天神——汉晋升仙信仰体系的考古学综合研究》,四川大学博士学位论文,2013年。
6 王意乐、徐长青、杨军、管理:《海昏侯刘贺墓出土孔子衣镜》,《南方文物》2016年第3期。本书关于刘贺墓衣镜的基本信息均来源于此文。

分构成,衣镜为矩形青铜质,镜背素面,有五枚钮,镜掩和镜框为木质
髹漆,二者通过铜合页连接。镜掩残损严重,正面残留有墨书文字,
报告将文字释读如下:

新就衣镜兮佳以明/质直见请兮政以方/幸得降灵兮奉景
光/修容侍侧兮辟非常/猛兽鸷虫兮守户房/据两蜚廉兮匦凶殃/
傀伟奇物兮除不详/右白虎兮左苍龙/下有玄鹤兮上凤凰/西王母
兮东王公/福熹所归兮淳恩臧/左右尚之兮日益昌/□□圣人兮
孔子/□□之徒颜回卜商/临观其意兮不亦康/□气和平兮顺阴
阳/□□□岁兮乐未央/□□□□□皆蒙庆/□□□□□□□□□

镜掩背面损毁严重,可以模糊地看到两个人物,左侧人物榜题为
"子张",其旁有人物传记,右侧人物榜题为"曾子"。长方形镜框由
四周的方木和背板围成,内框由上下左右四块方木构成,上方边框中
部绘有朱雀,两侧有相向侧坐的人物;下边框图案模糊不清;右侧和
左侧边框分别绘有龙和虎。镜框背面绘制孔子及其五个弟子的图
像,图像两侧为墨书文字记载该人物生平事迹。

将镜掩的文字和镜框图像对比可知,这段文字简单讲述了衣镜
的功用,描绘了镜框所绘图案内容及希望其能起到的作用,最后表达
了美好的祝福。总的来说应是镜子主人希望新的衣镜及其上绘制的
图案可以"辟非常""除不详",来实现"顺阴阳""乐未央"的美好愿
望。其中"右白虎兮左苍龙/下有玄鹤兮上凤凰/西王母兮东王公"
的文字应该是对内框图案的描述,可以看作是图案的榜题,那么下边
框模糊不清的图像应该是"玄鹤",上方边框两侧的人物即是西王母

与东王公(图2-1)。衣镜应是刘贺生前所用之物,死后随葬墓中,据《汉书》记载,地节四年(前66)刘贺年二十六七岁[1],可推算他生于太始四年(前93)或征和元年(前92),卒于宣帝神爵三年[2](前59),可知衣镜的年代大约处在这个时段内,为西汉中期偏后。

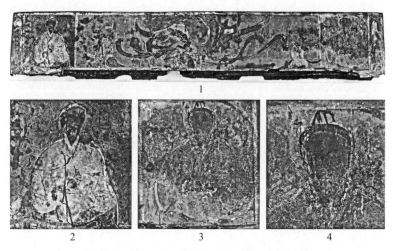

图2-1　刘贺墓出土衣镜镜框西王母与东王公图像

1. 镜框上框照片　2. 西王母图像　3. 东王公图像　4. 东王公图像局部
(采自刘子亮、杨军、徐长青:《汉代东王公传说与图像新探——以西汉海昏侯刘贺墓出土"孔子衣镜"为线索》,《文物》2018年第11期,第83页,图二、图三、图四)

观察图像并结合左右边框分别绘有虎和龙的情况来看,上方边框左侧人物是西王母,右侧为东王公。细观图像可知,西王母挽髻,髻两侧似有一尖状凸出,可能是发笄;东王公似有胡须,头戴高冠,似有梁,应该是进贤冠;二人身体均向边框中心微微倾斜,可能在对视,表现的不是完整的正面形象,是四分之三侧面。与此相似的图像还

1　《汉书》卷六十三《武五子传》,北京:中华书局,1962年,第2767页。
2　《汉书》卷十五《王子侯表》,第493页。

出现在连云港海州双龙村西汉墓出土的一件木尺[1]上,木尺两面有大致对称的图案。其中一面有一妇人凭几侧身而坐,头挽高髻,插有笄,身后有云气。其右侧有一三峰状的仙山图案,其上有日、月,其下还有倒影。该图案右侧有一辆马车向左驶来,其后为一象车,车上立一建鼓,二人正在击鼓,后有两骑随从,这些图案被云气笼罩。木尺的另一面,云气中有两辆马车左行,左端有一男子凭几侧身而坐,头戴进贤冠,右侧也有类似的山峰和日月(图2-2)[2]。此前已有学者将木尺上的二人认定为西王母与东王公,但猜想成分较多,缺乏确凿证据[3]。墓葬下葬年代在公元前25至前20年之间[4],木尺出自方形漆奁中,左侧有系孔,应是墓主生前使用之物,与刘贺衣镜时代相去不远。对比木尺与衣镜上的人物图像,两者十分相似,其次木尺上车马人群向左行进的构图模式与卜千秋墓中墓主向西王母行进的构图相似,而且侧面表现形式也是早期西王母图像的重要特征[5],此外,木尺图案被云气仙境围绕,可见木尺两侧凭几而坐的人物是西王母和东王公的可能性很大。如果以上推论成立,西汉中晚期的西王母和东王公图像材料又可增加一例。

---

1 连云港市博物馆:《江苏连云港海州西汉墓发掘简报》,《文物》2012年第3期。

2 连云港市博物馆:《江苏连云港海州西汉墓发掘简报》,《文物》2012年第3期,封二。

3 陈松长:《连云港海州双龙汉墓出土汉代漆尺彩绘图像解读》,载中国汉画学会、四川博物院编:《中国汉画学会第十二届年会论文集》,第121—124页;马振林:《连云港双龙汉墓汉尺考》,载苏州博物馆:《苏州文博论丛》(总第一辑),北京:文物出版社,2010年,第70—73页;石峰:《略析连云港双龙汉墓出土的彩绘木尺》,载贺云翱主编:《长江文化论丛》(第八辑),南京:南京大学出版社,2012年,第119—122页。

4 凡国栋:《释连云港海州西汉墓名谒中的"西平侯"》,《中国国家博物馆馆刊》2015年第9期。

5 [美]巫鸿著,柳扬、岑河译:《武梁祠:中国古代画像艺术的思想性》,第149—157页。

图 2-2　江苏连云港海州区双龙村汉墓出土的木尺（正背面摹本）

（采自连云港市博物馆：《江苏连云港海州西汉墓发掘简报》，《文物》2012 年第 3 期，封二）

　汉代东王公图像研究

二、西王母图像的出现及其神格的转变

通过前文的论述,我们确定了两处西汉中晚期的西王母和东王公图像,现结合历史背景等材料就这些图像所反映的问题加以分析讨论。

与其他早期西王母图像相比,新确认的两处图像所在的墓葬等级较高,打破了以往认为早期西王母图像只出现在社会中下层的观点。武帝之孙海昏侯刘贺身份确定无疑。连云港海州汉墓的男墓主棺内出土了数件名谒,有学者指出这些名谒是亲朋好友吊丧和赗赠所使用,并指出其中一件书有"孤子"的名谒属于墓主之子[1]。简报将这件名谒文字释为"孤子曰平侯永顿首顿首"[2],有学者指出其中"曰"字释读有误,应为"西"字,并指出"西平侯永"即是史书所载的西平侯于永[3],此说可从。综合这些意见可知墓主应是西平侯于永之父,查史书可知其父于定国为汉宣帝、元帝两朝老臣,"甘露中,代黄霸为丞相,封西平侯"[4],永光元年(前43)"上书自劾,归侯印,乞骸骨……罢就弟。数岁,七十余薨,谥曰安侯",于定国辞官后回到了西平侯封地或是家乡东海郡郯县,连云港与两地距离较近,墓葬地点较为吻合。此外名谒文字透露墓主死后,当地东海郡太守遣使拜访,而且距离较远的河南太守、弘农太守和河南都尉都派人前往吊唁,可见墓主身份较高;从墓葬形制和规模来看,墓室考究,椁室和墓壁之间填充青膏泥,椁室盖板下铺设长方形薄木板,随葬品制作考

1 赵川:《连云港海州双龙汉墓 M1 的几个问题》,《江汉考古》2014 年第 2 期。
2 连云港市博物馆:《江苏连云港海州西汉墓发掘简报》,《文物》2012 年第 3 期。
3 凡国栋:《释连云港海州西汉墓名谒中的"西平侯"》,《中国国家博物馆馆刊》2015 年第 9 期。
4 《汉书》卷七十一《隽疏于薛平彭传》,第 3043 页。

究、纹饰精美。综上，双龙汉墓男墓主身份较高，属于社会上层，是西平侯于定国的可能性很大。出土木尺的三号棺被认为是男墓主夫人之棺[1]，即列侯夫人。

西王母图像最早出现在上层社会生活中与他们对西王母的追捧是分不开的。关于西王母的记载最早可见于战国时期。《庄子·大宗师》认为西王母是与伏羲、黄帝、彭祖等神祇并列的得道者[2]。《穆天子传》记载了周穆王会见西王母之事，文中的西王母自称"帝女"[3]，具有神的身份。到了西汉时期，《史记·赵世家》言："（周穆王）西巡狩，见西王母，乐之忘归。"[4]再次记载了此事。《淮南子》将西王母描绘为掌握不死之药的仙人[5]。司马相如为武帝所做的《大人赋》中提到西王母，感叹其长生不死[6]。这些记载当是上层智识阶层所编著，是他们所认可的观念，将西王母绘制在日常生活所用之物上正是对观念的实践。以上文献主要是战国至西汉中期之前的记载，西王母在时人心中主要是以长生不死的神仙形象出现的，而刘贺衣镜镜掩的墨书文字为理解西汉中期以后西王母的性质提供了新的材料。前述镜掩文字提到西王母等图像的作用是"福熹所归""淳恩臧""日益昌""顺阴阳""皆蒙庆"等，不仅仅限于掌握不死之药，为死后求仙服务，而是西王母的法力更加强大，神性更丰富，职能更多。这种观念继续延续，西汉末成

1 连云港市博物馆：《江苏连云港海州西汉墓发掘简报》，《文物》2012 年第 3 期。
2 （清）郭庆藩撰，王孝鱼点校：《庄子集释》卷六《大宗师》，北京：中华书局，1961 年，第 247 页。
3 佚名撰，（晋）郭璞注：《穆天子传》，载王根林、黄益元、曹光甫校点：《汉魏六朝笔记小说大观》，上海：上海古籍出版社，1999 年，第 13、14、18 页。
4 《史记》卷四十三《赵世家》，北京：中华书局，1959 年，第 1779 页。
5 何宁撰：《淮南子集释》卷六《览冥训》，第 501、502 页。
6 《汉书》卷五十七《司马相如传》，第 2596 页。

书[1]的《易林》中所描绘的西王母也是一位神通广大、赐福于民的神，如"稷为尧使，西见王母，拜请百福，赐我善子""引髯牵头，虽懼无忧，王母善祷，祸不成灾""中田膏黍，以享王母，受福千亿，所求大得"[2]等。这种观念更加深入人心，尤其在民间社会更是引起了一场群众运动，历时大半年，"经历郡国二十六"[3]，可谓规模浩大。西汉中期到西汉末年，西王母完成了从仅掌握不死之药的仙人到神通广大、神格丰富之神的转变[4]。

三、东海信仰与东王公图像的出现

目前来看，西王母图像初现之时不仅分布在社会中下层，也见于上层阶级，最早的两例东王公图像仅发现于社会上层墓葬中，而且东王公图像与西王母图像几乎同时出现。东王公可能并非仅仅是西王母的镜像，仅用阴阳观念解释东王公的出现稍显单薄，或许可以从战国秦汉时期的东海求仙活动以及两处图像出现的地域入手进行分析。

东海神仙信仰的传说出现很早，《史记·封禅书》中便有记载："自威、宣、燕昭使人入海求蓬莱、方丈、瀛洲。此三神山者，其傅在渤海中，去人不远；患且至，则船风引而去。盖尝有至者，诸仙人及不死之药皆在焉。其物禽兽尽白，而黄金银为宫阙。未至，望之如云；及

---

1 赵逸夫：《有关"牵牛织女"传说的一首诗与〈易林〉的作者问题》，《古籍整理研究学刊》2010 年第 4 期。

2 （旧题汉）焦延寿撰，徐传武、胡真校点集注：《易林汇校集注》，上海：上海古籍出版社，2012 年，第 63、228、386 页。

3 《汉书》卷二十七《五行志》，第 1476 页。

4 巫鸿先生很早便注意到了西王母从神仙到强大的宗教偶像之间的转变，刘贺墓衣镜为此说增添了强有力的实物依据，参见［美］巫鸿著，柳扬、岑河译：《武梁祠：中国古代画像艺术的思想性》，第 142—149 页。

到,三神山反居水下。临之,风辄引去,终莫能至云。"[1]秦汉时期,在燕、齐方士和社会上层统治阶级的助推下,蓬莱神仙信仰广为流传。时人热衷于入东海求仙,秦始皇和汉武帝便是其中的代表。秦始皇在方士的鼓吹下多次东巡燕、齐滨海之地,大兴祭祀,并派遣方士入海求仙。史书中对此事多有记载,《史记·秦始皇本纪》曰"齐人徐市等上书,言海中有三神山,名曰蓬莱、方丈、瀛洲,仙人居之。请得斋戒,与童男女求之。于是遣徐市发童男女数千人,入海求仙人","方士徐市等入海求神药"[2]。《史记·淮南衡山列传》中也有类似的记载[3]。

到了武帝时期,时人对东海仙境的渴求有过之而无不及,《史记·封禅书》中便有大量的记载,曰:"天子既闻公孙卿及方士之言,黄帝以上封禅,皆致怪物与神通,欲放黄帝以上接神仙人蓬莱士。"又说:"天子既已封泰山,无风雨灾,而方士更言蓬莱诸神若将可得,于是上欣然庶几遇之,乃复东至海上望,冀遇蓬莱焉。"[4]武帝时方士充盈朝廷,深得皇帝宠信,李少君便是其中的代表,他曾出游东海,拜访仙人安期生,主张仙境位于东海,求仙也应在东海中寻找[5]。李少君曾召集千余名力士,乘船入海得一神石,帮助武帝见到已故的李夫人[6]。李少君死后,武帝"使黄锤史宽舒受其方……而海上燕齐怪迂之方士多相效,更言神事矣",东海求仙之事大为兴盛。对东海仙境

1 《史记》卷二十八《封禅书》,第1369、1370页。
2 《史记》卷六《秦始皇本纪》,第247、263页。
3 《史记》卷一百一十八《淮南衡山列传》,第3086页。
4 《史记》卷二十八《封禅书》,第1397、1398页。
5 《史记》卷十二《孝武本纪》,第453—455页。
6 (晋)王嘉撰,(梁)萧绮录,齐治平校注:《拾遗记》卷五《前汉上》,北京:中华书局,1981年,第115—117页。

的慕求还反映在皇家宫殿园林之中,《汉书·郊祀志》记载武帝建章宫建筑模仿东海仙境的情况:"其北治大池,渐台高二十余丈,名曰泰液,池中有蓬莱、方丈、瀛州、壶梁,象海中神山龟鱼之属。其南有玉堂璧门大鸟之属。立神明台、井干楼,高五十丈,辇道相属焉。"[1]

东海求仙活动自战国燕、齐之地兴起,到武帝时最为兴盛,刘贺身为武帝之孙,且生长于地处燕、齐的昌邑国,耳濡目染,以刘贺为代表的人群对东海仙境之事起码较为了解。此外有学者提出昌邑国交通便利,资源丰富,经济发达,衣镜等随葬品多来自昌邑国[2]。连云港双龙汉墓墓主是东海郡人,死后也葬于郡内滨海之地,且据笔者研究,东临大海的东海郡可能是西汉时东海求仙活动的出发地之一,四川地区汉墓中的"东海太守"与"李少君"画像描绘了相关画面[3]。墓主生前可能曾是西平侯,侯国属地紧临东海郡,名谒中也有东海太守遣使拜访的记录,以墓主为代表的人群对东海求仙之事也当较为熟悉。

此外双龙汉墓彩绘木尺上的山形图案也可作为此说法的旁证。木尺上东王公和西王母图像的右侧均有一三峰状的仙山与日月图案(图2-3)[4],与一般被认为表现了蓬莱仙境[5]的临沂金雀山帛画[6]

1 《汉书》卷二十五《郊祀志》,第1245页。
2 辛德勇:《海昏侯刘贺》,北京:生活·读书·新知三联书店,2016年,第248—273页。
3 参见拙文:《也论四川汉墓画像中的"李少君"与"东海太守"》,载阮荣春主编:《中国美术研究》(第24辑),南京:东南大学出版社,2017年,第63—67页。
4 连云港博物馆编著:《连云港馆藏文物精萃》,北京:荣宝斋出版社,2006年,第77页。
5 刘家骥、刘炳森:《金雀山西汉帛画临摹后感》,《文物》1977年第11期;刘晓路:《临沂帛画文化氛围初探》,《中原文物》1993年第2期。
6 临沂金雀山汉墓发掘组:《山东临沂金雀山九号汉墓发掘简报》,《文物》1977年第11期。

（图2-4）上部的构图十分相像，并且结合东王公、西王母、云气等图像元素，此处的山峰并非普通的山峦，应该属于仙境神山。整个图案以中间的线条为轴，上下对称，中间两条弧线组成的扁长线圈似乎可以表示一处水面，水滴状圆圈可能也有暗示作用，那么下部似可以看作上部的倒影，与前述《史记·封禅书》中入东海求仙山"未至，望之如云；及到，三神山反居水下。临之，风辄引去，终莫能至云"的记载相似，笔者认为木尺三仙山图案或许与东海蓬莱三神山相关。

图2-3　江苏连云港海州双龙汉墓木尺仙山图案

（采自：《连云港馆藏文物精萃》，第77页）

曹植的《平陵东行》也有关于东王父（公）与蓬莱的记载，曰："阊阖开。天衢通。被我羽衣乘飞龙。乘飞龙。与仙期。东上蓬莱采灵芝。灵芝采之可服食。年若王父无终极。"[1] 这些晚期记载中可能也保留了一些早期历史遗留的痕迹，也可作为以上认识的辅证。从历史

1　逯钦立辑校：《先秦汉魏晋南北朝诗》，北京：中华书局，1988年，第437页。

文献和考古实物来看,武帝后期,方士鼓吹的东海仙境基本无验,且随着张骞凿通西域,时人的求仙热情转向西方世界,西汉时期的东海求仙活动基本限于社会上层[1]。在此背景下出现的东王公图像也只见于上层阶级中,且稍纵即逝,直至东汉早期才再次出现,可以说早期的东王公图像具有阶层和地域特点。东汉早期东王公图像再次出现在山东滕州西户口画像石[2]和建初八年(83)吴地"朱师"所作铜镜上,两地均属东部滨海之地,而且延续了西汉时东王公头戴进贤冠端坐的视觉形式,可见地域性对早期东王公信仰和图像意义较大。

四、小结

海昏侯刘贺墓出土衣镜上的东王公图像和镜掩墨书文字是迄今所见最早的东王公图像和文字记载,更新了学界原有的认识,将东王公信仰和图像出现时间上溯至

图2-4 山东临沂金雀山九号墓出土帛画(摹本)

(采自临沂金雀山汉墓发掘组:《山东临沂金雀山九号汉墓发掘简报》,《文物》1977年第11期,封二-2)

---

1 参见拙著:《秦汉时期蓬莱神仙信仰的考古学综合研究》,四川大学博士学位论文,2020年,第65、66页。

2 燕燕燕:《滕州西户口一号、二号祠堂画像石中榜题图像考》,载中国汉画学会、河南博物院编:《中国汉画学会第十三届年会论文集》,郑州:中州古籍出版社,2011年,第404—408页。

西汉中期,至迟在刘贺卒年——神爵三年(前59)。通过与刘贺衣镜等相关材料对比,将连云港双龙汉墓出土的木尺两侧凭几而坐的人物比定为西王母和东王公,丰富了西汉中晚期的西王母和东王公图像材料。与以往所见的早期西王母图像相比,新确认的两处图像所在的墓葬等级较高,而西王母图像最早出现在上层社会生活中与他们对西王母的追捧密切相关。刘贺衣镜镜掩的墨书文字内容丰富,通过与历史文献比较后可知,西汉中期以后时人心中的西王母更加神通广大,神性更丰富,职能更多。与早期西王母图像不同,最早的两例东王公图像只见于社会上层和东部近海区域,可能与西汉时期上层社会追捧的东海神仙信仰有关。但东王公与蓬莱尚没有建立明确的关系,体现了东王公信仰所具有的阶级和地域特点,这些特性可能是西汉到东汉早期东王公图像难觅踪迹的原因之一。

第二节 前东王公时代: 西王母组合新论

最早的西王母图像多是单独出现,处于独尊状态,可见于西汉中晚期和东汉早期的壁画和画像之上,如洛阳卜千秋墓中最早的西王母形象便是如此。东王公图像出现以来,其与西王母图像形成对应组合关系,大量出现在画像石、壁画和铜镜之上,成为汉魏时期并举的两位天界神祇。西汉中期西王母与东王公虽出现组合关系,但目之所见只有两例,尚未普及,直到东汉中晚期二者固定组合的图像才大量出现,学界以往认为在东汉早期还存在一个西王母与风伯组合的阶段,对于此论点,李凇先生表示怀疑并给出另一种解释[1]。笔者

---

1 本书开篇的绪论部分对这两种观点已做过介绍,这里不再赘述。

30　汉代东王公图像研究

十分赞同李凇先生对于信立祥先生观点的质疑,而且正确观察到图像在墓葬中的意义和作用,这种观察角度是研究墓葬美术所必需的。此外,风伯之说将风伯从风雨雷电的组合中剥离出来,使之与西王母对应也忽略了图像的整体性,更重要的是风伯的地位无法与西王母匹配而形成组合,风伯之说还有进一步讨论的余地[1]。早期西王母图像的对应关系到底如何,这种对应关系的性质和意义又是怎样,要搞清楚这些问题,需要重新审视图像细节和文献材料。

一、相关图像材料梳理

建于公元 1 世纪东汉早期的山东孝堂山祠堂[2]是有关早期西王母对应组合图像的代表性材料,这里有必要先将此祠堂的情况作初步介绍。祠堂东西两壁是本书研究的重点,因此将着重描述。祠堂西壁山墙中央端坐的大神为西王母,两旁有侍者、玉兔捣药和三足乌等,山墙顶端有持规的女娲;东壁山墙中央为一房屋,一体型较为高大的男子怀抱一弓端坐屋中,前立一人。屋外有一体型肥胖的男子,一腿前伸,另一腿作屈膝状,双手高抬似持一物向屋顶作吹气状,屋顶已被掀起。信立祥先生和巫鸿先生已正确地指出此吹气之人为风伯[3]。

1　笔者虽然同意李凇先生对风伯之说的质疑,但风伯之说也有值得我们注意之处,即风伯可能有表示东方的属性,而且风伯也是天神之一,这使得风伯有可能与西王母组合在一起。在近年公布的一批微山县出土的画像石中,一方西汉晚期画像石上,西王母头戴胜端坐于平台上面向右侧,其右有玉兔捣药、九尾狐、羽人、三足乌等,画面下方有鸡首人和马首人;画面右侧为风伯正在面向左侧的西王母吹风(详见微山县文物管理所:《山东微山县近年出土的汉画像石》,《考古》2006 年第 2 期)。西王母与风伯虽然似乎是作为画面中对置的两位较突出的人物,但是与后期西王母组合模式差异较大,且目前只有这一例孤证,若看作二者形成对应组合关系也是较为勉强的。

2　蒋英炬、杨爱国、信立祥、吴文祺:《孝堂山石祠》,北京:文物出版社,2017 年,第 80 页。

3　信立祥:《汉代画像石综合研究》,第 154 页;[美] 巫鸿著,柳扬、岑河译:《武梁祠:中国古代画像艺术的思想性》,第 130、132 页。

风伯之后,有四人拉一车,上有四面鼓,一人手持二槌坐于车中,此人应为雷公;之后还有戴盆降雨的雨师。东壁山墙顶端为手持矩的伏羲(图2-5)[1]。

细观画像,处于东壁山墙中央的不是风伯而是房屋,更准确地说是屋中抱弓端坐的高大男子,将此人认定为与西壁山墙中央西王母形成对应组合关系的风伯更为恰当。正如西王母身边的侍者、玉兔和三足乌等元素标志着西王母身份和地位,屋中男子周围的人物、事物元素也扮演着相同的角色。与此类似的画像还有四处,如山东嘉祥五老洼出土画像石第十二石[2]中,此类图案位于最顶层,画面左部一房屋内有两人,一高大男子抱弓端坐,前立一人,屋外右侧的风伯屈膝,双手前伸,向房屋吹气,屋顶已被掀开,风伯身后有两个羽人跟随(图2-6-4)。其他三处类似的画像为山东汶上县先农坛出土画像石[3]、山东嘉祥五老洼出土画像石第八石[4]和山东出土的一方画像石[5](图2-6-1、图2-6-3、图2-6-2)。此类图像均出现在画像顶部,信立祥先生已指出它们也是祠堂东壁,且年代要早于孝堂山祠堂[6]。观察以上五幅图像,它们共同存在两个特点:首先,屋内有一高大男子抱弓端坐;其次,风伯多呈屈膝状将屋顶吹开。这些共同的图像细节正是解释此类图像的关键。

1　蒋英炬、杨爱国、信立祥、吴文祺:《孝堂山石祠》,第31、41页,图19、图23。

2　中国画像石全集编辑委员会编:《中国画像石全集2·山东汉画像石》,济南:山东美术出版社、郑州:河南美术出版社,2000年,第131页,图一四〇。

3　中国画像石全集编辑委员会编:《中国画像石全集2·山东汉画像石》,第10页,图一六。

4　中国画像石全集编辑委员会编:《中国画像石全集2·山东汉画像石》,第129页,图一三八。

5　中国画像石全集编辑委员会编:《中国画像石全集2·山东汉画像石》,第114页,图一二二。

6　信立祥:《汉代画像石综合研究》,第131页。

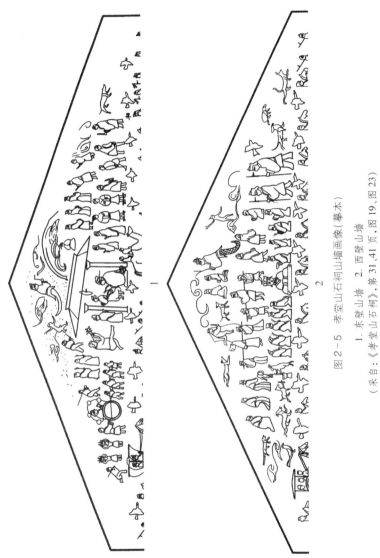

图 2-5 孝堂山石祠山墙画像（摹本）

1. 东壁山墙 2. 西壁山墙

（采自：《孝堂山石祠》，第 31、41 页，图 19、图 23）

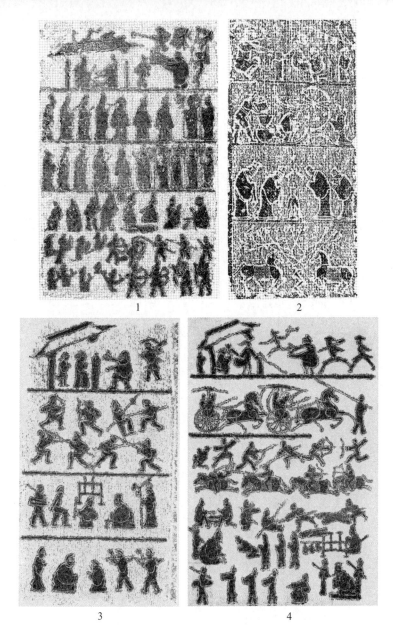

图2-6　山东出土的四方画像石拓片

1. 汶上县先农坛画像　2. 山东画像石　3. 嘉祥五老洼画像第八石
4. 嘉祥五老洼画像第十二石

（采自：《中国画像石全集2·山东汉画像石》，第10、114、129、131页，
图一六、图一二二、图一三八、图一四〇）

二、图像的性质与意义

结合图像细节和文献记载,笔者认为屋中抱弓端坐的男子应是羿(后羿),关于此人的历史记载比比皆是,有必要梳理相关文献。

有关后羿的描述最早见于《左传》襄公四年的记载,后羿为夏代善射之人,乘夏德方衰以代夏政。后因不修民事,任用奸人寒浞,被人戏弄不知悔改,终遭灭亡,寒浞霸占了其家室[1]。《论语·宪问》云"南宫适问孔子曰:'(后)羿善射,奡荡舟,俱不得其死然。禹稷躬稼而有天下。'夫子不答。南宫适出,子曰:'君子哉若人!尚德哉若人!'"[2]。可见后羿的故事在孔子和弟子那里已成为常识。此处之"羿"和"奡"即指《左传》中所记之"后羿"和"浇"("奡"、"浇"古通用)。"羿善射"即《左传》所记"恃其射也,不修民事,而淫于原兽";"奡荡舟"即《左传》所记"使浇用师,灭斟灌及斟寻氏"之事。先秦文献多言后羿之事,足见战国时期后羿事迹流传深远。

文献记载中还有一名"羿"者,此人多带有神话色彩,主要有以下几种描述。有关羿的神话最早出现于《山海经》中,《海内经》云"帝俊赐羿彤弓素矰,以扶下国,羿是始去恤下地之百艰"[3];《海外南经》载"羿与凿齿战于寿华之野,羿射杀之。在昆仑虚东。羿持弓矢,凿齿持盾"[4];《大荒南经》曰"大荒之中,有山名曰融天,海水南入焉。有人曰凿齿,羿杀之"[5]。

---

1 (晋)杜预注,(唐)孔颖达正义:《春秋左传正义》卷二十九,载(清)阮元校刻:《十三经注疏》,第1933页。
2 (魏)何晏集解,(宋)邢昺疏:《论语注疏》卷十四《宪问》,载(清)阮元校刻:《十三经注疏》,第2510页。
3 袁珂校注:《山海经校注》,北京:北京联合出版公司,2014年,第391页。
4 袁珂校注:《山海经校注》,第184页。
5 袁珂校注:《山海经校注》,第316、317页。

又见于《楚辞·天问》,云:"羿焉彃日?乌焉解羽?"[1]其后见于《淮南子·本经训》:"逮至尧之时,十日并出,焦禾稼,杀草木,而民无所食。猰貐、凿齿、九婴、大风、封豨、修蛇皆为民害。尧乃使羿诛凿齿于畴华之野,杀九婴于凶水之上,缴大风于青丘之泽,上射十日而下杀猰貐,断修蛇于洞庭,禽封豨于桑林。万民皆喜,置尧以为天子,于是天下广狭险易远近始有道里。"[2]羿成为射十日,为民除害的英雄,先秦古籍中的类似记载很多,多认为羿是善射的英雄,流传相当广泛。

此外关于羿的神话传说,还有广为人知并流传至今的"嫦娥奔月"故事,较为完整的记载见于《淮南子·览冥训》,云:"譬若羿请不死之药于西王母,姮娥窃以奔月,怅然有丧,无以续之。何则?不知不死之药所由生也。"高诱注曰:"姮娥,羿妻。羿请不死之药于西王母,未及服之,姮娥盗食之,得仙,奔入月中为月精。"[3]这里将羿与西王母、嫦娥和升仙联系在了一起。

值得注意的是,屈原的《天问》中将羿与后羿混为一谈,《楚辞·天问》云:"羿焉彃日?乌焉解羽?"这是羿射十日之事,但在《离骚》中又说:"羿淫游以佚畋兮,又好射夫封狐。固乱流其鲜终兮,浞又贪夫厥家。"[4]这又是前述后羿之事。这种现象也见于《史记·夏本纪》张守节《正义》引《帝王纪》云:"帝羿有穷氏未闻其先何姓。帝喾以上,世掌射正。至喾,赐以彤弓素矢,封之于鉏,为帝司射,历虞、夏。

1　(宋)洪兴祖撰,白化文等点校:《楚辞补注》卷三《天问》,北京:中华书局,1983年,第96页。
2　何宁撰:《淮南子集释》卷八《本经训》,第574—578页。
3　何宁撰:《淮南子集释》卷六《览冥训》,第501、502页。
4　(宋)洪兴祖撰,白化文等点校:《楚辞补注》卷一《离骚》,第21、22页。

羿学射于吉甫,其臂长,故以善射闻。"[1]

郭璞为《山海经》作注时已做过辨析,将羿与后羿分开[2],袁珂先生也认为羿为"东夷民族之主神,故称夷羿,与传说中之夏代有穷后羿,确是两人……然羿与后羿故事,先秦典籍即已混殽不清"[3]。总之,无论羿与后羿是同为一人,还是存在共同点的两人,在先秦两汉时期常常被混淆应是事实。

前述《淮南子·本经训》中曾记载到"尧之时,十日并出","大风"等"皆为民害",尧命羿去为民除害,其中羿"缴大风于青丘之泽",高诱注:"大风,风伯也,能坏人屋舍。"[4]画像中的风伯正在向房屋吹气,屋顶已被掀起,与文献记载吻合。值得注意的是,风伯往往呈屈膝状,这种现象不仅出现在本书所论五处画像中,其他表现风伯的画像也几乎全部采取这种表现形式,较为典型的如安丘墓中的风伯形象(图2-7)[5],风伯为何要屈膝呢?这段故事在《淮南子·氾论训》中也有提及,曰"羿除天下之害而死为宗布",高诱注:"风伯坏人屋室,羿射中其膝。"[6]羿射中了风伯的膝盖,膝盖中箭的风伯无法直立,只能屈膝吹气。那么,屋中抱弓端坐的高大男子很可能就是羿,孝堂山画像中羿的上方还挂有一把弓,更加表明其人物身份。

经过此番讨论,此类画像的内容基本明了,即屋中端坐的高大男子为画面中心,展现了"羿射风伯"的故事,以此来表现中心人物的身

1　《史记》卷二《夏本纪》,第86页。
2　袁珂校注:《山海经校注》,第392页。
3　袁珂校注:《山海经校注》,第392页。
4　何宁撰:《淮南子集释》卷八《本经训》,第574页。
5　中国画像石全集编辑委员会编:《中国画像石全集1·山东汉画像石》,第100页,图一三七。
6　何宁撰:《淮南子集释》卷八《本经训》,第986页。

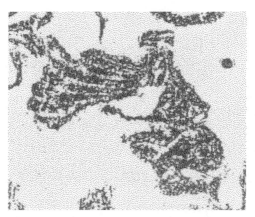

图 2-7　安丘墓前室封顶石中段的风伯画像石拓片

（采自:《中国画像石全集 1·山东汉画像石》,
第 100 页,图一三七）

份——羿(后羿)。但此人为何能与西王母组合在一起出现呢？通过前文对羿和后羿的阐述,可知羿为东夷之神,而后羿则是夏代帝王,两者均可作为东方的代表,且地位高贵。《说文》云:"夷,东方之人也。从大从弓。"段注:"东夷从大,大人也。夷俗仁,仁者寿,有君子、不死之国。"[1] 此外,"羿射风伯"之事发生在"青丘之泽",高诱注:"青丘,东方之泽名也。"[2] 也可作为其代表东方的辅证。这符合当时的阴阳理论和方位对称的观念。然而更重要的原因在于,前述《淮南子》所记"羿请不死之药于西王母"的故事,说明此时的羿已与西王母、仙药和升仙结合在了一起。且东方有"不死之国",将之布置在祠堂东壁与西王母相对十分合理,也是时人渴望求取仙药,升天成仙的表现,符合当时的生死观念、升仙信仰及将其绘制在墓葬内的意义。

1　(汉)许慎撰,(清)段玉裁注:《说文解字注》,上海:上海古籍出版社,1981 年,第 493 页。
2　何宁撰:《淮南子集释》卷八《本经训》,第 576 页。

三、小结

综上所述,笔者认为在东汉早期以孝堂山石祠为代表的山东部分地区早期画像中,西王母与羿(后羿)形成组合,而不是学界以往认为的风伯。

值得注意的是,与其他四处画像不同,孝堂山石祠东壁画像中,风伯之后还有雷公和雨师,当时风雨雷电四神常常组合出现,且与不死和升仙密切相关。屈原在《楚辞·远游》中幻想自己来到"不死之旧乡","风伯为余先驱兮,氛埃辟而清凉……左雨师使径侍兮,右雷公以为卫"[1]。《淮南子·原道训》也有类似的记载:"昔者冯夷、大丙之御也,乘云车,入云蜺,游微雾,骛怳忽,历远弥高以极往。经霜雪而无迹,照日光而无景,扶摇抮抱羊角而上,经纪山川,蹈腾昆仑,排阊阖,沦天门……令雨师洒道,使风伯扫尘,电以为鞭策,雷以为车轮;上游于霄雿之野,下出于无垠之门。"[2]《淮南子》的记载中还出现了"昆仑",时人认为西王母是身处昆仑掌管仙药之神,求仙之人须登上昆仑,求取仙药才能升仙[3]。总之,这些图像元素均与仙境、西王母和升仙相关。虽然除孝堂山外其他四方画像石中只有风伯而没有出现雷神、雨师等人物,但应该也蕴含了这些思想和信仰。

此外,本书所论图像中的羿(后羿)并不是表现为正面形象与西王母对应。巫鸿先生曾指出古代艺术中存在两种构图类型:偶像型和情节型[4],此处的羿(后羿)并不是典型的偶像型,东壁

---

1 (宋)洪兴祖撰,白化文等点校:《楚辞补注》卷五《远游》,第170、171页。

2 何宁撰:《淮南子集释》卷一《原道训》,第12—20页。

3 王煜:《昆仑、天门、西王母与天神——汉晋升仙信仰体系的考古学综合研究》,四川大学博士学位论文,2013年,第244页。

4 [美]巫鸿著,柳扬、岑河译:《武梁祠:中国古代画像艺术的思想性》,第149、150页。

画像中的风伯、羿（后羿）、雷神、雨师和一些随从表现的确实是一些故事"情节"，与西王母相对的可能并不是羿（后羿）这个个体，而是这些与东方、阴阳、升仙和西王母等密切相关的"情节"也未可知。

近来有学者提出，在西汉后期的鲁南地区，如山东微山、邹城等地出土的一些西汉画像石中，曾出现"子路—西王母"组合，认为西王母与孔子的弟子子路组成对应关系[1]。文中作者所论的卧虎山 2 号石椁中西王母与子路分别出现在南板内侧和北板外侧，侧板画面分为三格，子路图像位于中间一格，而西王母图像出现在最左一格中，两者的位置并未形成对应关系，且汉画像中的子路多作为孔子的弟子出现。更重要的是，子路出现在这里并非出于与西王母对应的考虑，而是子路在当时人们的观念中不仅是孔子的弟子和高尚的儒者，也可作为雷神出现。《风俗通义校注·佚文》云："子路感雷精而生，尚刚好勇。"[2]子路可能被时人当作雷神，作为天神的子路出现在西王母和众多祥瑞神怪周围也是理所当然的。基于以上分析，笔者认为这一问题有待进一步探索。

东汉早期与羿（后羿）或是相关情节的组合，没有很好地解决与西王母对应的问题，此时的西王母多为正面端坐的形象，身旁排列着侍者，已有较为固定的模式，羿（后羿）图像虽有一定的模式，但也不能与西王母很好地对应组合。到了东汉中晚期，在作为时人思想骨干

1　姜生、种法义：《汉画像石所见的子路与西王母组合模式》，《考古》2014 年第 2 期。

2　（汉）应劭撰，王利器校注：《风俗通义校注》，北京：中华书局，2010 年，第 563 页。据王利器先生统计，《北堂书钞》卷一四六、《开元占经》卷一〇二、《白帖》卷五、《太平御览》卷一三、八六五、《事类赋》卷三和《天中记》卷四六等文献也存在类似的记载。

的阴阳观念的推动下[1]，东王公与西王母固定组合在一起。

第三节　过渡期的东王公图像

目前来看,东王公图像最早见于西汉中期,西汉晚期至东汉早期几乎不见,到公元1世纪末2世纪初时再次出现。但出现之初图像尚未形成一定的模式,与此后较为成熟、模式化的东王公形象有所差异,并非东王公图像的主流,笔者将这些初期的材料称作过渡期的东王公图像。这批材料中有以下三处具有代表性:山东地区东汉中期(89~146)画像石、永元十二年(100)的陕西王得元墓画像石和元兴元年(105)的广汉造作铜镜,三处地域几乎同时出现东王公图像,但是表现形式不尽相同,下面分别予以介绍。

一、山东地区

邹城高庄乡金斗山出土的一块画像石[2]上,画面顶端中部一人凭几而坐,冠饰与后来山东地区较为流行的东王公冠饰相似,正接受两侧数人的跪拜。画像中下部刻画了一些神兽,其中最为突出的是有翼青龙和有翼白虎,此外还有鸡形兽、虎形兽、狐形兽,画面左下角鼻子较长的动物可能是大象(图2-8)。通过以下几点考量,笔者认为凭几而坐的人物应该是东王公。第一,人物位于画面顶端,接受众人跪拜,可见地位高贵;第二,其下有青龙、白虎等神兽出现,说明此

1　顾颉刚:《秦汉的方士与儒生》,北京:北京出版社,2012年,第1页。
2　中国画像石全集编辑委员会编:《中国画像石全集2·山东汉画像石》,第76页,图八三。

人物位于仙境之中,具有神秘色彩;最为重要的是,与此方画像石同出的另一方布局基本一致的画像[1]中,与此人物位置相对的正是戴胜凭几的西王母,两者的位置、组合关系甚至形象姿态等都基本一致(图 2-9)。结合这些因素,将这位男性人物判定为东王公应无大碍。

图 2-8 邹城高庄乡金斗山出土画像石拓片(一)

(采自:《中国画像石全集 2·山东汉画像石》,第 76 页,图八三)

邹城郭里乡黄路屯村出土的一方东汉中期画像石[2]上(图 2-10),头戴三山冠的男性人物立于两人首蛇身人物的中间,人首蛇身的人物共同捧日,日中还有三足乌,下面为三只鸟衔鱼的图像。观察可知,

1 中国画像石全集编辑委员会编:《中国画像石全集 2·山东汉画像石》,第 73 页,图八一。
2 中国画像石全集编辑委员会编:《中国画像石全集 2·山东汉画像石》,第 77 页,图八四。

图2-9 邹城高庄乡金斗山出土画像石拓片(二)

(采自:《中国画像石全集2·山东汉画像石》,
第73页,图八一)

图2-10 邹城郭里乡
黄路屯村出土画像石拓片

(采自:《中国画像石全
集2·山东汉画像石》,
第77页,图八四)

人首蛇身者一位是男性,另一位是女性,并且共同捧日,应该是伏羲、女娲无疑。这里并未出现捧月,或许是为了以其作为东王公标识所做出的改变,并不影响我们将二者判定为伏羲和女娲。遗憾的是,此处并未同出有西王母画像,不知东王公图像的对应关系如何,对比前一处材料,原本可能也有与之对应的西王母图像。

滕州马王村西汉末期的石椁画像[1]上(图2-11),画面被分为三格,中间一格西王母席地而坐,一旁有侍女,捣药的玉兔和凤鸟。右侧

---

[1] 中国画像石全集编辑委员会编:《中国画像石全集2·山东汉画像石》,第184页,图一九三。

图 2-11　滕州马王村石椁画像石拓片

（采自《山东石刻分类全集》编辑委员会编著：《山东石刻分类全集 6·汉代画像石 1》，
青岛：青岛出版社，2013 年，第 250 页）

一格,画面中部一头戴进贤冠的跪坐男性,正在回首似与身后之人交谈,面前有一人跪拜,值得注意的是此跪拜之人身后似有羽翼,可能是羽人,而且画面中间的男子被手持规矩的伏羲女娲所夹侍,与前述东汉中期邹城郭里乡的东王公图像有些相似。此材料存疑,暂无法确认画面右侧男性为东王公,但从与西王母的组合关系、被伏羲女娲夹侍等因素来看,此人有可能是东王公。

二、陕西地区

陕西地区的汉代画像石数量丰富,画像内容和题材也十分多样,程式化特征显著,向来以其独特鲜明的地域特色而引人注目。这种地方特色的一个重要表现就是画像装饰部位的一致性:陕西地区汉画像石墓的画像内容,基本上都集中出现于墓门位置(包括墓内各室间的过洞通道)。一般将西王母和东王公图像安排在墓门左右立柱靠上的部分。

学界普遍认为陕北地区的东王公和西王母图像具有一定的程式化。一般表现为戴胜的西王母和头戴三山冠的东王公对坐于平台上,头上各有一个华盖,如米脂画像石墓[1]墓门立柱图像便是典型(图2-12)。仔细梳理材料可知这种典型的图像主要出现在东汉晚期。在东汉中期,陕西地区早期的画像石墓中,墓门左右立柱的上半部常常出现一种图像,表现为在与此地区西王母图像类似的平台上有两人对坐,左侧为一左臂高举、右臂前伸的羽人,右侧为一穿长袍且面向羽人的高大男子,对照相关图像并仔细观察较清晰的图像,发

---

1 中国画像石全集编辑委员会编:《中国画像石全集5·陕西、山西汉画像石》,第49页。

现此男子应头戴进贤冠或通天冠;此外,二人中间有一方形物,应是在进行着某种活动,平台下有一鹿和一龙。需注意的是,与大多数此类图像对应出现在左立柱或右立柱上半部的是西王母图像,且两幅图像均形成了一定的格套和模式,搞清楚此类图像的性质和意义十分重要。

图 2-12　米脂墓墓门左右立柱画像石拓片

(采自:《中国画像石全集 5·陕西、山西汉画像石》,
第 49 页,图六六、图六七)

值得一提的是,前辈仁人已对上述问题提出了许多宝贵意见。一些资料性的图录中认为位于右侧与羽人对坐之人应为东王公,二人似在对弈六博,但未给出任何解释[1];李淞先生认为二人中间的方形物或为六博棋盘,可把此图"称作'陕北版'的《仙人六博图》",以为此图与后来的东王公图像差距太大,且与对应的西王母图像并不对称,"说明它不是作为西王母配偶的东王公像出现的"[2],此说影响甚广;还有学者将此类图称作"仙人对饮图"[3],可见是将图中二人均当做仙人;此外还有一些论著认为图中左侧羽人"似在讲述什么",但对图中右侧人物身份避而不谈[4]。上述这些观点都有一定价值,对于此类图像的解释和研究还有进一步探索的空间。

(一)图像材料的梳理

此类图像最早出现在绥德永元十二年(100)的王得元墓中,笔者目前所见共计 19 处,按照图像分布和对应位置关系可将其分为三类:此类图像单独出现(墓门左立柱或右立柱的上半部分)、此类图像与西王母组合对应出现(两图在墓门左立柱或右立柱的上半部分组合对应出现)和两幅此类图像对应出现(墓门左立柱和右立柱的上半部分)。以下将分类进行介绍。

1. 图像单独出现

这类图像共计 8 处,被布置在左门柱或右门柱的上半部分。陕西米脂永初元年(107)牛文明墓[5]墓室内左柱便是这类图像的代表,所论图像出现在立柱上半部分靠右,在与此地区西王母图像类似的

1　李贵龙、王建勤主编:《绥德汉代画像石》,西安:陕西人民美术出版社,2001 年,第 163 页。
2　李淞:《论汉代艺术中的西王母图像》,第 137、138 页。
3　吴佩英:《陕北东汉画像石研究》,上海大学博士学位论文,2013 年,第 53 页。
4　李林、康兰英、赵力光编著:《陕北汉代画像石》,西安:陕西人民出版社,1995 年,第 6 页。
5　李林、康兰英、赵力光编著:《陕北汉代画像石》,第 21 页。

图 2-13 牛文明墓墓室内
左柱画像石拓片

（采自：《陕北汉代画像石》，
第 21 页，图 66）

平台上有两人对坐，左为一左臂高举、右臂前伸的羽人，右为一穿长袍并戴进贤冠或通天冠且面向羽人的高大男子，二人中间有一方形物，平台下有一鹿和一龙。其他部分用线条分割为数块，描绘了玉兔捣药，人首蛇身，人物，羊，禽类和博山炉等形象，图像单独出现，没有发现与之对应的另一方画像[1]（图 2-13）。其余 7 处分布在绥德、榆林、靖边和子洲等地，画像内容与牛文明墓类似，不再赘述（见表一）。

2. 图像与西王母组合对应出现

这类图像共计 11 处，图像被布置在左门柱或右门柱的上半部分，与右门柱或左门柱的上半部分的西王母对应组合。如陕西米脂永初元年（107）的牛文明墓墓门画像[2]即是此类材料的典型例子，墓门左门柱上半部分为本书所论图像，图像内容与前述完全一致；右立柱上半部分为西王母画像，西王母正面端坐于一大平台上，两侧有羽人服侍，其下有两小平台，平台上有两只狐。墓门其他位置还描绘了车马出行、日、月、门吏和玄武等形象（图 2-14）。其余 9 处画像分布在绥德、神木、米脂和榆林等地，图像与此相似，不再赘述（见表一）。

---

1 限于笔者学力、图像的完整性和材料公布的情况，一些材料可能原本有与之对应的门柱画像，笔者相信这部分材料便是属于第二或第三类材料，但是在没有新证据的情况下将之归入第一类是比较稳妥的。

2 李林、康兰英、赵力光编著：《陕北汉代画像石》，第 16 页。

图2-14 牛文明墓墓门门楣及左右立柱画像石拓片

（采自：《陕北汉代画像石》，第16页，图57、图58、图59）

3. 两幅此类图像对应出现

此类图像仅有1处，出现在绥德永元十二年（100）的王得元墓[1]中，所论图像分布在此墓前室东壁墓门左立柱和右立柱的上半部分。两图基本一致，对称地分布在左右立柱之上，图像内容与前述完全一致，两图形成对应组合关系；门柱的其余部分描绘了神兽、牛耕和植物等形象（图2-15）（见表一）。

综上所述，本书所论图像共计19处，按照分布组合关系可分为三类，分布在陕北的绥德、榆林、米脂、子洲、神木和靖边等地。按照目前已知的两处纪年材料——绥德永元十二年（100）的王得元墓和

<hr>

1 中国画像石全集编辑委员会编：《中国画像石全集5·陕西、山西汉画像石》，第56页。

图 2-15　王得元墓东壁墓门左右立柱画像石拓片

(采自:《中国画像石全集 5·陕西、山西汉画像石》,

第 56 页,图七六、图七七)

米脂永初元年(107)的牛文明墓来看,这类图像在陕北地区的画像中属出现较早者,集中在东汉中期早中段。此类图像表现形式完全一致,包括与之对应的所有西王母图像的表现形式也是一致的,可见图像具有一定的格套,应该具有某种意义。

（二）图像的性质与意义

在梳理相关图像和文献材料的基础上,基于以下几点考虑,我们认为图中右侧身份有争议的人物应是东王公,图像表现二人正在进行六博游戏的场景。

首先,结合二人的动作和同时期的画像内容,笔者认为二人之间的方形物应是六博博具,二人应是在对弈六博。这种情形在汉画像中十分常见,同一地区的绥德画像石[1]中便有这样的例子,画面中二人一手高举,中间放置博具,与本书所论图像十分相似(图 2 - 16),可见二人正在对弈六博。

图 2 - 16　绥德四十里铺出土画像石拓片(局部)

(采自:《陕北汉代画像石》,第 76 页,图 230)

此外,此图的构图模式与对应的西王母图像基本一致,且图像占据了此地区东王公出现的位置,与西王母相对应,并组合在一起;第三,

1　李林、康兰英、赵力光编著:《陕北汉代画像石》,第 76 页。

图 2-17　绥德黄家塔 M3 墓门
右柱画像石拓片

（采自：《陕北汉代画像石》，
第 115 页，图 364）

穿长袍并戴进贤冠或通天冠的高大男子形象正是这一时期东王公形象较为流行的一种，在此地区的绥德黄家塔三号墓墓门右柱[1]上便有这样的例子，此人身着长袍，戴进贤冠，有须髯，与左柱的西王母相对，应为东王公无疑（图2-17）；第四，此男子出现在羽人、六博[2]和祥瑞围绕的仙境之中。

值得注意的是，文献中记载东王公常与仙人进行游戏，如《神异经》曰："东荒山中有大石室，东王公居焉……恒与一玉女投壶。"[3]投壶是汉代重要的娱乐项目之一，且文献中常常与六博对举，如《史记·滑稽列传》有云"若乃州闾之会，男女杂坐，行酒稽留，六博投壶"[4]；西晋名士王澄在

1　李林、康兰英、赵力光编著：《陕北汉代画像石》，第 115 页。
2　王煜先生认为汉墓画像中六博"深深体现了时人观念中的宇宙模式和宇宙运行法则"，仙人六博图像"出现于墓葬中的最终意义还是汉代墓葬文化中流行的神仙和升仙思想"。详见王煜：《四川汉墓画像中"钩绳"博局与仙人六博》，《四川文物》2011 年第 2 期。
3　（汉）东方朔撰，（晋）张华注，（明）朱谋㙔校：《神异经》，载王根林、黄益元、曹光甫校点：《汉魏六朝笔记小说大观》，第 49 页。
4　《史记》卷一百二十六《滑稽列传》，第 3199 页。

荆州刺史任上不理政事,与部下王机"日夜纵酒,投壶博戏"[1],"博戏"即是六博;此外,南北朝时期的文人王褒有诗曰:"投壶生电影,六博值仙人。"[2]可见二者常相伴出现,六博和投壶均是当时流行的娱乐活动。图像材料中对六博与投壶游戏的描绘也多有发现,在此地区的绥德四十里铺画像中就有六博和投壶场景一同出现的例子(图2-16);此外也都有实物出土,如江陵凤凰山八号汉墓就出土有一套博具[3];湖南永州西汉墓出土有投壶用铜壶一件,出土时壶中尚有竹矢五枚[4]。可见东王公与羽人对弈六博也是很有可能的。

基于以上几点考虑,笔者认为与羽人对弈六博的男子应是东王公无疑。可将此种类型的东王公称为"仙人六博"式东王公。

(三)陕北地区早期的东王公和西王母图像

上文通过对"仙人六博"式东王公图像的考察,明确了图像性质和意义,确认了图中人物为东王公,且多数与西王母组合在一起,并且形成了一定的格套。以下有必要将图像的出现、发展和组合对应过程考察一番,对于深入了解本地区以东王公和西王母为代表的升仙信仰会有所帮助。

绥德永元八年(96)的杨孟元墓是此地区目前已知最早出现西王母图像的纪年墓。图像出现在墓门左右立柱[5](图2-18)和前室

---

1 《晋书》卷四十三《王澄列传》,北京:中华书局,1974年,第1240页。
2 逯钦立辑校:《先秦汉魏晋南北朝诗》,第2341页。
3 长江流域第二期文物考古工作人员训练班:《湖北江陵凤凰山西汉墓发掘简报》,《文物》1974年第6期。
4 零陵地区文物工作队:《湖南永州市鹞子山西汉"刘疆"墓》,《考古》1990年第11期。
5 中国画像石全集编辑委员会编:《中国画像石全集5·陕西、山西汉画像石》,第65页。

南壁 [1]（图 2-19）的画像上，两处共四幅西王母形象及构图元素完全一致，西王母戴胜坐于一平台上，两旁有羽人和玉兔，其下有两只狐。此墓中还未出现东王公的身影。

图 2-18　杨孟元墓墓门左右立柱画像石拓片

（采自：《中国画像石全集 5·陕西、山西汉画像石》，
第 65 页，图九〇、图九一）

1　中国画像石全集编辑委员会编：《中国画像石全集 5·陕西、山西汉画像石》，第 66 页。

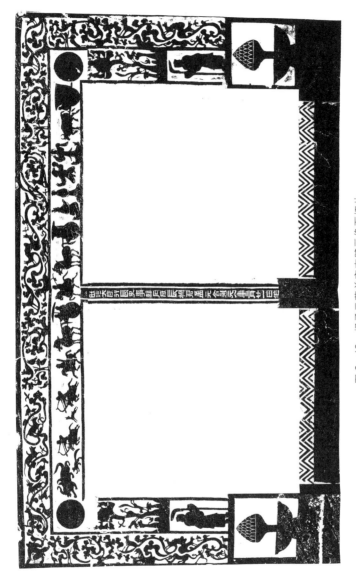

图 2－19 杨孟元墓前室南壁画像石拓片

（采自：《中国画像石全集 5・陕西、山西汉画像石》，第 66 页，图九二）

到永元十二年(100)的绥德王得元墓[1]中,西王母出现在墓门左右立柱,形象与杨孟元墓基本一致,但右立柱的西王母却没有戴胜,除此之外,两立柱的图像完全对称(图2－20)。除杨孟元和王得元

图2－20　王得元墓墓门左右立柱画像石拓片

(采自:《中国画像石全集5·陕西、山西汉
画像石》,第53页,图七二、图七三)

1　中国画像石全集编辑委员会编:《中国画像石全集5·陕西、山西汉画像石》,第
53页。

墓之外,此类两个西王母相对的图像模式在绥德、米脂和清涧等地也发现数例(见表一)。值得注意的是,此时王得元墓前室东壁墓门左右立柱(图2-15)和南壁墓门右立柱[1](图2-21)的相同区域出现了最早的"仙人六博"式东王公。

到永初元年(107)的米脂牛文明墓中,前述的西王母和"仙人六博"式东王公图像开始组合在一起,对应出现,东王公在墓门左立柱,西王母在墓门右立柱(图2-14)。在较晚的画像中,还可看到此模式在图像中的一些痕迹,然而受新出现模式的影响,发生一些微妙变化,东王公的冠饰变为三锋冠,并且出现华盖,目前仅见于绥德黄家塔M1[2]、M8[3]和榆林古城界[4]三处(图2-22)。

结合此地东汉晚期的典型东王公材料可知(图2-12),这种东王公图像是一种带有过渡性质的模式,在延光三年(124)画

图2-21 王得元墓南壁墓门右立柱画像石拓片

(采自:《中国画像石全集5·陕西、山西汉画像石》,第59页,图八二)

1 中国画像石全集编辑委员会编:《中国画像石全集5·陕西、山西汉画像石》,第59页。
2 李林、康兰英、赵力光编著:《陕北汉代画像石》,第113页。
3 戴应新、魏遂志:《陕西绥德黄家塔东汉画像石墓群发掘简报》,《考古与文物》1988年第5、6期。
4 中国画像石全集编辑委员会编:《中国画像石全集5·陕西、山西汉画像石》,第10页。

图 2-22　绥德黄家塔 M1 墓门门楣、左右门扇及左右立柱画像石拓片

（采自:《陕北汉代画像石》,第 113 页,图 355、图 356、图 357、图 358、图 359）

像石墓[1]中已经看不到这种类型的东王公,可见其至东汉中期偏后阶段已基本消失。"仙人六博"式东王公虽然有一定的模式,也曾流行过一段时间,但是相比后来成熟的东王公图像显得较为粗糙,两者的表现形式也有差别,所论图像中的东王公并不是表现为正面形象与西王母形成组合。正如巫鸿先生指出的古代艺术中存在两种构图类型:偶像型和情节型[2],此处的东王公并不是典型的偶像型,不能很好地与西王母对应组合,将其作为过渡期未定型的东王公图像是没有问题的。

1　榆林市文物保护研究所、榆林市文物考古勘探工作队编著:《米脂官庄画像石墓》,北京:文物出版社,2009 年,第 62—64 页。
2　[美] 巫鸿著,柳扬、岑河译:《武梁祠:中国古代画像艺术的思想性》,第 149、150 页。

表一　陕北及晋西北地区汉代"东王公画像"与
　　　　"西王母组合画像"一览表

时代	模式	出土地点	位置	出　　处	备　注
东汉中期早中段（"仙人六博"式东王公）	两个西王母相对	绥德杨孟元墓	墓门左右立柱	《中国画像石全集5·陕西、山西汉画像石》，第65页	公元96年
		米脂党家沟	墓门左右立柱	《中国画像石全集5·陕西、山西汉画像石》，第39页	
		清涧	墓门左右立柱	《中国画像石全集5·陕西、山西汉画像石》，第151页	
		绥德王得元墓	墓门左右立柱	《中国画像石全集5·陕西、山西汉画像石》，第53页	公元100年
		绥德杨孟元墓	前室南壁	《中国画像石全集5·陕西、山西汉画像石》，第66页	公元96年
		绥德快华岭	墓门左右立柱	《陕北汉代画像石》，第166页	
		绥德呜咽泉	墓门左右立柱	《陕北汉代画像石》，第133页	
		绥德	墓门左右立柱	《陕北汉代画像石》，第140页	
	东王公不与西王母组合而单独出现	牛文明墓	墓室左立柱	《陕北汉代画像石》，第21页	公元107年
		绥德	墓室左立柱	《陕北汉代画像石》，第179页	
		靖边寨山	墓门右立柱	《中国画像石全集5·陕西、山西汉画像石》，第178页	
		绥德	墓门左立柱	《中国画像石全集5·陕西、山西汉画像石》，第104页	
		王得元墓	墓门右立柱	《中国画像石全集5·陕西、山西汉画像石》，第59页	公元100年

时代	模式	出土地点	位置	出　　处	备　注
东汉中期早中段（"仙人六博"式东王公）	东王公不与西王母组合而单独出现	榆林古城滩	墓门右立柱	《中国画像石全集5·陕西、山西汉画像石》，第1页	
		子洲苗家坪	墓门左立柱	《中国画像石全集5·陕西、山西汉画像石》，第147页	
		绥德军刘家沟	墓室竖石	李贵龙，王建勤主编：《绥德汉代画像石》，西安：陕西人民美术出版社，2001年，第186页	
	东王公与西王母组合起来相对出现	绥德	墓门左右立柱	《中国画像石全集5·陕西、山西汉画像石》，第96页	
		榆林陈兴	墓门左右立柱	《中国画像石全集5·陕西、山西汉画像石》，第8页	
		榆林古城界	墓门左右立柱	《中国画像石全集5·陕西、山西汉画像石》，第11页	
		绥德四十铺	墓室左右竖石	《绥德汉代画像石》，第163页	
		牛文明墓	墓室左右竖石	《陕北汉代画像石》，第16页	公元107年
		神木大保当M5	墓门左右立柱	陕西省考古研究所编：《陕西神木大保当汉彩绘画像石》，重庆：重庆出版社，2000年，第50、51页	
		榆林古城滩	墓门左右立柱	《陕北汉代画像石》，第6页	
		绥德大坬梁	墓门左右立柱	《陕北汉代画像石》，第70页	
		米脂党家沟	墓门左右立柱	《陕北汉代画像石》，第34页	

时代	模式	出土地点	位置	出　　处	备　注
东汉中期早中段（"仙人六博"式东王公）	东王公与西王母组合起来相对出现	绥德延家岔	墓门左右立柱	《陕北汉代画像石》，第92页	
		绥德延家岔	前室北壁	《陕北汉代画像石》，第96页	
	两个东王公相对出现	王得元墓	墓室东壁门左右立柱	《中国画像石全集5·陕西、山西汉画像石》，第56页	公元100年
东汉中期晚段至东汉末	东王公不与西王母组合而单独出现	绥德延家岔	前室东壁门左立柱	《中国画像石全集5·陕西、山西汉画像石》，第80页	
		离石马茂庄M4	墓门右立柱	《中国画像石全集5·陕西、山西汉画像石》，第198页	
		离石马茂庄	墓门右立柱	《中国画像石全集5·陕西、山西汉画像石》，第219页	
		绥德	墓门右立柱	《陕北汉代画像石》，第185页	
		吴堡	墓门右立柱	《中国画像石全集5·陕西、山西汉画像石》，第156页	
		吴堡	墓门左立柱	《中国画像石全集5·陕西、山西汉画像石》，第156页	
	东王公与西王母组合起来相对出现	延光三年画像石墓	前室东壁	《米脂官庄画像石墓》，第63—70页	公元124年
		离石马茂庄M2	前室东壁	《中国画像石全集5·陕西、山西汉画像石》，第184、185页	
		离石马茂庄	墓门左右立柱	《中国画像石全集5·陕西、山西汉画像石》，第218页	
		牛公产墓	墓门左右立柱	《中国画像石全集5·陕西、山西汉画像石》，第201页	公元175年

时代	模式	出土地点	位置	出　　处	备注
东汉中期晚段至东汉末	东王公与西王母组合起来相对出现	离石石盘	墓门左右立柱	《中国画像石全集5·陕西、山西汉画像石》，第224页	
		米脂	墓门左右立柱	《中国画像石全集5·陕西、山西汉画像石》，第48页	
		米脂	墓门左右立柱	《中国画像石全集5·陕西、山西汉画像石》，第49页	
		绥德	墓门左右立柱	《中国画像石全集5·陕西、山西汉画像石》，第91页	
		绥德	墓门左右立柱	《中国画像石全集5·陕西、山西汉画像石》，第98页	
		榆林古城界	墓门左右立柱	《中国画像石全集5·陕西、山西汉画像石》，第10页	
		榆林南梁	墓门左右立柱	《中国画像石全集5·陕西、山西汉画像石》，第9页	
		榆林郑家沟	墓门左右立柱	《中国画像石全集5·陕西、山西汉画像石》，第19页	
		绥德黄家塔M1	墓门左右立柱	《陕北汉代画像石》，第113页	
		绥德黄家塔M8	墓门左右立柱	《陕北汉代画像石》，第121页	
		绥德快华岭	墓门左右立柱	《陕北汉代画像石》，第166页	
	两个东王公相对出现	绥德黄家塔M2	墓门左右立柱	《陕北汉代画像石》，第114页	
		绥德	墓门左右立柱	《陕北汉代画像石》，第191页	

（续表）

时代	模式	出土地点	位置	出　　处	备　注
东汉中期晚段至东汉末	两个东王公相对出现	离石马茂庄 M2	前室南壁右侧	《中国画像石全集5·陕西、山西汉画像石》，第183页	
		离石马茂庄 M2	前室南壁左侧	《中国画像石全集5·陕西、山西汉画像石》，第182页	
		离石马茂庄 M3	墓门左右立柱	《中国画像石全集5·陕西、山西汉画像石》，第192页	

（四）小结

综上所述,本节所论图像中右侧高大男子应为东王公,图像表现东王公正在与羽人对弈六博,此类图像按照分布组合关系可分为三类:单独出现,与西王母组合出现,两幅画像组合出现,具有一定的格套,分布在东汉中期早中段的陕北地区,流行时间短,发现数量少。图像中的东王公带有地区特色且具有过渡性质,是东王公图像发展初期未定型的表现形式,并对此后汉画像的发展产生了一定影响。在本节研究的基础上,纵观陕北地区的西王母和东王公画像,可见其大致经历了三个阶段:两个西王母相对(东汉中期早中段)——"仙人六博"式东王公和西王母组合(东汉中期早中段过渡期未定型的表现形式)——成熟的东王公和西王母组合(东汉中期晚段至东汉末)。

三、四川地区

本地区最早的东王公图像出现在一枚神兽镜中,此镜是藏于日本的"元兴元年(105)环状乳神兽镜",是目前已知最早的纪年神兽镜。主纹为三神三兽相间环绕,外区铭文为"元兴元年五月丙午大敕,广汉造作尚方明竟,幽涑三商,周得无极,世得光明,长乐未央,富且昌,宜侯王,师命长生如石,位至三公,寿如东王父、西王母、仙人,子立(位)至公侯"[1]。据镜铭可知,此镜是公元105年四川广汉制作的铜镜。三神中有一弹琴者应是铜镜铭文中常常提到的伯牙,另两人肩生羽翼,应是铭文中所说的东王父和西王母,东王父即是东王公,可惜二神的面貌无法看清(图2-23)。与之构图相似的铜镜还有两枚,由铭文可知均是延熹二年(159)广汉制作[2]。镜中的东王公图像较为抽象,刻画粗糙,也未见到相关的侍从,相较成熟期的图像而言,原始意味强烈,应该属于过渡期的东王公图像。

图2-23　元兴元年(105)环状乳神兽镜

(采自:《中国铜镜图典》,第410页)

1　孔祥星、刘一曼:《中国铜镜图典》,北京:文物出版社,1992年,第410页。
2　黄濬编:《尊古斋古镜集景》,上海:上海古籍出版社,1990年,图4、图5。

这一时期文献中缺乏对东王公的记载,并且综合前文对考古材料的梳理来看,东王公并非一向是西王母的镜像,仅用阴阳观念解释东王公的出现也稍显单薄。早期东王公图像和信仰呈现出地域性、阶级性特点,并非像西王母那般在社会上存在较为广泛的整体认识。西王母对东王公影响之大虽是事实,从"东王父"的称谓是对应"西王母"而来这一点便可以看出,但东王公图像的产生时间与西王母基本一致,东王公图像与信仰的自身传统亦不可忽视,并对后世产生了影响。遗憾的是目前的资料尚未能支撑对此时段东王公的神格进行探讨,仅仅依靠东王公与东海神话元素伴出的细节,也难以明确建立两者的关系。此外在关注东王公图像与信仰的同时,也有必要通过东王公来反观西王母的变化及其与东王公之间的互动,扩大到宗教信仰或是昆仑与蓬莱两大神仙信仰的对比研究[1]。

---

1 参见拙著:《秦汉时期蓬莱神仙信仰的考古学综合研究》,四川大学博士学位论文,2020 年。

第三章　成熟期的东王公图像

　　通过对上文早期的东王公图像梳理可知,目前最早的东王公图像见于西汉中期。在东王公与西王母形成固定组合对应关系之前,曾在山东地区短暂存在西王母与羿(后羿)的组合模式,且在东汉中期东王公图像大规模出现之初,存在一些过渡期未定型的东王公图像。此后东王公图像的发展进入成熟期,形成了较为固定的表现形式,这一部分将按地域分布来梳理成熟期的东王公形象。成熟期的东王公图像较为丰富,绝大多数出现在画像石(砖)、壁画和铜镜之上,画像和壁画表现形式较为相似,可归为一类。在此基础上按地域梳理,可分为山东、苏北和安徽地区,河南地区,陕北晋西北地区,四川地区和甘肃地区等。第二大类即是铜镜,按照图像表现类型分为神兽镜、画像镜、三段式神仙镜和重列式神兽镜。除此之外,东王公形象还零星出现在石枕形器等其他媒介之上。每种类型的材料选取数件典型标本予以介绍,现将材料梳理如下。

第一节　画像石与壁画

一、山东、苏北和安徽地区

　　东汉中期以来,是山东地区发现西王母和东王公图像数量最多的时段。这一时期东王公形象已十分成熟且大量涌现,"西王母—东王公"组合图像出现一些固定的表现类型,其中主要流行的三种类型为嘉祥类型、滕州类型和临沂类型[1]。

(一) 嘉祥类型

嘉祥类型主要分布在山东省济宁市嘉祥县境内,基本上出现在武氏祠和嘉祥宋山的祠堂中,分布在石祠的东壁之上,其特点是将东王公置于画面最顶端的中部,表现为正面像,两旁有仙人侍者、神怪及拜谒者。西王母和东王公的形象表现基本形成固定模式,二者多坐于榻上,肩生双翼,西王母头戴花冠,东王公头戴特殊的高冠,西王母身边多出现捣药的玉兔和蟾蜍,手持器皿和所谓三(或四)连果的仙人侍从(图3-1、图3-2、图3-3),这些侍从并不是西王母所特有,在东王公身边同样存在。如宋山出土的画像石中,东王公身边也同样出现了捣药的玉兔和蟾蜍,九尾狐,三足乌和持物侍者(图3-4)。值得注意的是,东王公身边有一些比较固定的侍从,如鸡首人、马首人、犬首人(图3-2-2、图3-3-2、图3-4-1、图3-4-3)、人首鸟身者(图3-2-2、图3-3-2、图3-4-1、图3-4-2),此外还有一些双首兽(图3-1-2、图3-3-2),这些元素基本不出现在西王母身边,可视为东王公独有的侍从。除嘉祥外,在江苏徐州,安徽宿州和淮南也发现数例可以划归此类型的画像石。莒县东莞村出土两方画像石[2],一号石右侧面顶部东王公戴三山冠

---

[1] 李淞先生将山东地区的西王母图像分为四种地方模式,东王公与西王母的图像模式基本相同,所以这里沿用李先生的分类,但是介于本书的东王公材料,笔者将李先生的徐州模式归入嘉祥模式而略去不用,只采用其他三种模式,而且在名称上稍有变化。李淞先生的相关论述可见,李淞:《论汉代艺术中的西王母图像》,第96—132页。

[2] 刘云涛:《山东莒县东莞出土汉画像石》,《文物》2005年第3期。

正面端坐,有须髯,两侧有羽人、人首鸟身侍者和玉兔捣药;二号石右侧面顶端,西王母似戴胜正面端坐,两侧有羽人侍从(图3-5)。此外,位于江苏徐州的白集祠堂[1](图3-6)和邳州陆井墓[2],画像均在祠堂的侧壁;安徽宿州褚兰镇发现的石祠[3]东壁和西壁上部有西王母和东王公对应出现,值得注意的是在西王母、东王公身旁分别有龙、虎为二人持伞盖(图3-7)。以上这些画像在布局位置、侍从组合、东王公形象表现等方面均与嘉祥类型十分相似,可以归入此类型中。

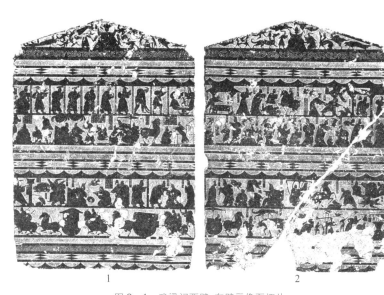

图3-1　武梁祠西壁、东壁画像石拓片

1. 武梁祠西壁画像　2. 武梁祠东壁画像

(采自:《中国画像石全集1·山东汉画像石》,第29、30页,图四九、图五〇)

1　南京博物院:《徐州青山泉白集东汉画象石墓》,《考古》1981年第2期。
2　中国画像石全集编辑委员会编:《中国画像石全集4·江苏、安徽、浙江汉画像石》,第103页,图一四一。
3　中国画像石全集编辑委员会编:《中国画像石全集4·江苏、安徽、浙江汉画像石》,第130、131页,图一七〇、图一七一。

图3－2　宋山小石祠西壁、东壁画像石拓片

1. 宋山小石祠西壁画像　2. 宋山小石祠东壁画像

（采自：《中国画像石全集1·山东汉画像石》，第65、66页，图九○、图九一）

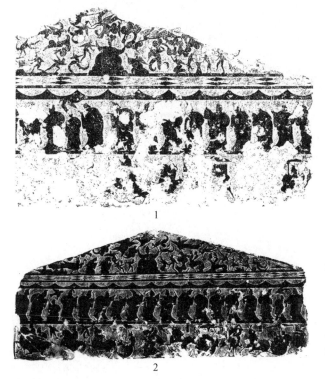

　汉代东王公图像研究

图3－3　武氏祠左石室西壁、东壁画像石拓片

1. 武氏祠左石室西壁画像

2. 武氏祠左石室东壁画像

（采自：《中国画像石全集1·山东汉画像石》，第50、52页，图七四、图七六）

图3-4 嘉祥地区出土东王公画像石拓片

1. 嘉祥南武山画像 2. 宋山画像(一) 3. 宋山画像(二) 4. 宋山画像(三)
（采自：《中国画像石全集2·山东汉画像石》，第125、90、91、92页，
图一三四、图九七、图九八、图九九）

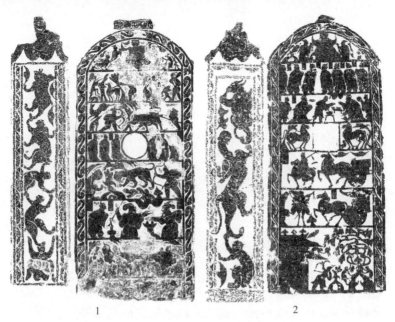

图3-5 莒县东莞村出土画像石拓片

1. 一号石背面及右侧面画像 2. 二号石背面及右侧面画像

（采自：《中国画像石全集3·山东汉画像石》，第120、122页，图一三七、图一三九）

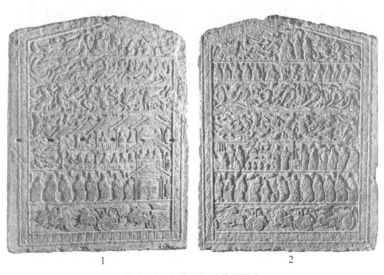

图3-6 白集石祠画像石照片

1. 东壁画像 2. 西壁画像

（北京大学汉画研究所提供）

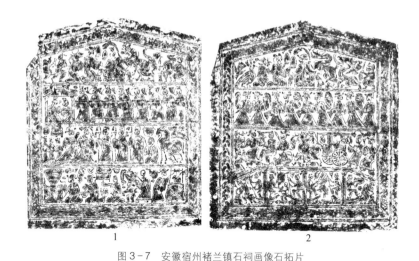

图 3-7 安徽宿州褚兰镇石祠画像石拓片

1. 东壁画像 2. 西壁画像

（采自：《中国画像石全集 4·江苏、安徽、浙江汉画像石》，

第 130、131 页，图一七○、图一七一）

（二）滕州类型

滕州类型主要出现在滕州及邻近的济宁喻屯镇等地区，重点表现在西王母形象的塑造上，主要特征为西王母居中，两侧为人首蛇身侍者。如微山县两城镇出土的画像石[1]，高大的西王母坐于两个人首蛇身侍者的交尾之上，其旁有"西王母"榜题，西王母头戴花冠，冠上有一鸟（图 3-8）。较为标准的滕州类型东王公只有济宁喻屯镇[2]一例，长条形画像石的中上部，东王公似戴通天冠坐于两人首蛇身侍者的交尾之上，其上有数只凤鸟，其下为羽人和怪兽等（图 3-9）。

滕州类型的东王公形象存在两种变形模式：其一是将人首蛇身侍

1　中国画像石全集编辑委员会编：《中国画像石全集 2·山东汉画像石》，第 32 页，图四一。

2　中国画像石全集编辑委员会编：《中国画像石全集 2·山东汉画像石》，第 8 页，图一二。

者替换为双龙,如滕州西户口出土的画像石[1]中东王公头戴三锋冠坐
于双龙座上,一旁有羽人、鸡首人和马首人等侍者,与之对应的西王
母则是被人首蛇身侍者夹侍,其旁有捣药的玉兔(图3-10);另一种
变形是将人首蛇身者布置在距离东王公较远的两侧,如滕州造纸
厂[2]出土画像石中,东王公戴三锋冠正面端坐,一旁有神兽,两个人
首蛇身者分别被安排在画面两端距东王公较远的位置(图3-11)。
尽管如此,我们还是暂将这些图像归入滕州类型,且值得注意的是,

图3-8 微山县两城镇出土画像石拓片

(采自:《中国画像石全集2·山东汉画像石》,第32页,图四一)

---

1 中国画像石全集编辑委员会编:《中国画像石全集2·山东汉画像石》,第211、
216页,图二二二、图二二九。
2 中国画像石全集编辑委员会编:《中国画像石全集2·山东汉画像石》,第158
页,图一六六。

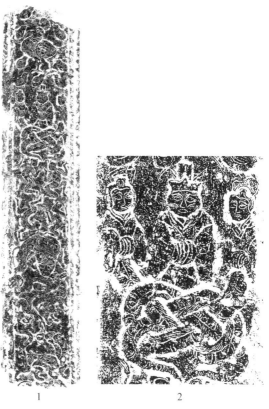

图 3-9 济宁喻屯镇
出土画像石拓片

1. 济宁出土画像石
2. 画像石局部
（采自：《中国画像石
全集2·山东汉画像
石》，第8页，图一二）

1　　　　2

1　　　　2

图 3-10　滕州西户口村出土的一组画像石拓片

1. 东王公画像　2. 西王母画像

（采自：《中国画像石全集2·山东汉画像石》，第211、216页，图二二二、图二二九）

图 3-11　滕州造纸厂出土画像石拓片

（采自：《中国画像石全集 2·山东汉画像石》，第 158 页，图一六六）

若向前追溯，这种表现形式其实最早是被运用在东汉中期东王公形象中（图 2-10），或许反映了东王公图像对西王母图像的影响。

（三）临沂类型

临沂类型主要分布在山东临沂市境内，数量较多，主要特征为：一方面，画像石的形制发生改变，由方形转变为长条状。另一方面，东王公的座式发生变化，多坐于平台之上。如临沂汽车技校出土的画像石[1] 上，东王公头戴三锋冠，肩生羽翼，坐于平台之上，此外小平台上有玉兔和仙人等（图 3-12、图 3-13）。沂南汉墓[2] 墓门东立柱

1　中国画像石全集编辑委员会编：《中国画像石全集 3·山东汉画像石》，第 34 页，图三八。

2　南京博物院、山东省文物管理处编著：《沂南古画像石墓发掘报告》，北京：文化部文物管理局，1956 年。

上,一人戴胜坐于平台上,两侧有羽人捣药,其下有一龙,对比西立柱上的西王母,此人应为东王公。第一,此人位于与西王母相对的东立柱上,其下的龙也与西王母之下的虎相对,而且西王母身旁的玉兔替换成了羽人;第二,此人虽然戴胜,但是面目刻画了清晰的须髭。这里的东王公融合了西王母的元素,且形象和侍从等完全仿照西王母来刻画(图3-14)。也有东王公坐于山峰之上的例子,如沂南汉墓中室八角柱上的东王公和西王母正面端坐,其下为山峰,头顶有华盖。山东地区的西王母和东王公形象中很少见华盖,但陕北晋西北地区则十分流行,可能是地域间传播交流的结果(图3-15)。

图3-12 费县出土
画像石拓片

(采自:《中国画像石
全集3·山东汉画像
石》,第85页,图九七)

图3-13 临沂汽车
技校出土画像石拓片

(采自:《中国画像石全集
3·山东汉画像石》,第34
页,图三八)

图3-14 沂南汉墓墓
门东立柱画像石拓片

(采自:《中国画像石全
集1·山东汉画像石》,
第134页,图一八二)

图 3-15　沂南汉墓中室八角柱画像石拓片

（采自：《中国画像石全集 1·山东汉画像石》，第 170 页，图二二一）

　　山东是东王公图像较早出现的地区之一，东王公一般着进贤冠、通天冠和三锋冠，多为正面端坐，坐具有榻、平台和山峰等；除与西王母共享的侍从（如玉兔、蟾蜍、九尾狐、三足乌、羽人等）外，独有的侍从主要为鸡首人和马首人，此外，犬首人、人首鸟身者和双首兽也多作为东王公侍从出现。东汉中期以后，"东王公—西王母"图像组合全面流行，并且形成了各具特色的三种地方类型。对比发现，嘉祥类型继承和发展了山东地区早期西王母图像的构图类型，而滕州类型和临沂类型的源头则可能是邹城郭里乡出土的东汉中期东王公画像石（图 2-10），尤其是多见于滕州地区的两人首蛇身夹侍构图应是直接来源于此。

二、河南地区

在汉画像十分流行的河南地区却难觅东王公的身影,目前仅发现一例,或许与当地西王母图像主要流行于西汉晚期至东汉初期,而到东汉中期以后数量锐减[1]的现象有密不可分的关系。南阳熊营出土的一方画像石[2]上,画面的中部有两人相对坐于一平台上,其上有仙人骑神兽和凤鸟,其下为玉兔捣药,可见平台上面向右侧戴花冠者应是西王母。结合与西王母相对的关系,且坐于平台之上,以及一旁的神兽等因素考虑,左侧戴三锋冠的男子应是东王公(图3-16)。一般来说,西王母和东王公总是分别坐于两个不同平台上,两人坐于同一平台上的例子并不多见。

图3-16　南阳熊营出土画像石拓片

(采自:《中国画像石全集6·河南汉画像石》,第133页,图一六二)

三、陕北、晋西北地区

这一地区的东王公图像十分丰富,相比全国其他地区东王公出现的频率要高出许多,而且有相对固定的分布位置,主要出现在墓门的立柱之上,贯穿了此地区画像装饰流行的时间和区域。这一地区目前已知的纪年画像石墓共有16座[3],其中较为完整并出现东王公、

1　李凇:《论汉代艺术中的西王母图像》,第37—65页。
2　中国画像石全集编辑委员会编:《中国画像石全集6·河南汉画像石》,第133页,图一六二。
3　李凇:《论汉代艺术中的西王母图像》,第134、135页。

西王母的主要有五座：绥德永元八年(96)的杨孟元墓[1]、绥德永元十二年(100)的王得元墓[2]、米脂永初元年(107)的牛文明墓[3]、延光三年(124)画像石墓[4]和离石熹平四年(175)的牛公产墓[5]。下文将以上述五座纪年墓作为着眼点，分析这一地区东王公图像出现和发展的过程，并考察其与西王母的对应组合关系。

在前文中，笔者通过对绥德永元八年(96)的杨孟元墓、绥德永元十二年(100)的王得元墓和米脂永初元年(107)的牛文明墓三座墓中西王母和东王公图像的梳理分析，认为此地区在后期较为成熟的东王公图像出现前存在一种"仙人六博"式东王公图像，此模式流行于东汉中期早中段，具有过渡性质，属于未定型的图像，具体情况可见前述。本节将通过剩余的两座纪年墓——米脂延光三年(124)画像石墓和离石熹平四年(175)的牛公产墓来完善此地区东王公图像出现及发展的历史脉络。

进入东汉中期晚段，米脂官庄延光三年(124)画像石墓中已不见前述西王母和"仙人六博"式东王公组合图案，前室东壁左柱上东王公戴三锋冠坐于平台上，旁有羽人侍奉，下有鹿和牛首人；右立柱上西王母梳高髻坐于平台上，旁有羽人持物侍奉，下为鹿和鸡首人。两位神祇头顶均有华盖(图5-8)。

进入东汉晚期，离石熹平四年(175)的牛公产墓展现了此时期较

1　绥德县博物馆：《陕西绥德汉画像石墓》，《文物》1983年第5期。
2　李林：《陕西绥德延家岔二号画像石墓》，《考古》1990年第2期。
3　陕西省博物馆、陕西省文管会写作小组：《米脂东汉画象石墓发掘简报》，《文物》1972年第3期。
4　榆林市文物保护研究所、榆林市文物考古勘探工作队编著：《米脂官庄画像石墓》，第62—64页。
5　山西省考古研究所、吕梁地区文物管理处、离石县文物管理所：《山西离石再次发现东汉画像石墓》，《文物》1996年第4期。

为典型的东王公与西王母图像。西王母梳高髻手持一物坐于平台上，东王公戴三锋冠手持一物坐于平台上，两人上方均有华盖（图3－17），这种模式在离石、绥德、榆林和米脂等地均有流行。此外，与东汉中期类似，这一时期也有数处东王公图像不与西王母对应而单独出现的情况（图3－18，表一）；东汉中期，两个东王公相对的例子仅有王得元墓一例，但进入东汉晚期后数量有所增多（图3－19，表一）。

图3－17　牛公产墓墓门左右立柱画像石拓片

（采自：《中国画像石全集5·陕西、山西汉画像石》，第201页，图二七二、图二七三）

图 3－18　离石马茂庄右
立柱画像石拓片

（采自：《中国画像石全集 5・
陕西、山西汉画像石》，第 219
页，图二九、四）

图 3－19　离石马茂庄 M3 墓门
左右立柱画像石拓片

（采自：《中国画像石全集 5・陕西、山
西汉画像石》，第 192 页，图二六一、图
二六二）

　　此地区的西王母和东王公图像固定出现在立柱上部的位置，但
是左右位置并不完全固定，有时西王母出现在左立柱，东王公出现在
右立柱，有时又恰恰相反。结合考古发掘报告，可知这一地区的西王
母与东王公图像并没有与左右或东西方位形成固定组合。如牛文明
墓[1] 坐北朝南，西王母和东王公分别位于墓门右立柱和左立柱，可知

---

[1] 陕西省博物馆、陕西省文管会写作小组：《米脂东汉画象石墓发掘简报》，《文物》
1972 年第 3 期。

西王母在东王公的东侧,而东王公在西王母的西侧。此外还有一些两个东王公或两个西王母相对和东王公单独出现的例子,这些都说明这一地区并没有将两位神祇与方位结合的意识观念。然而山东地区的东王公和西王母图像一般是分别固定出现在祠堂东壁和西壁,或像沂南汉墓那样分别出现在东立柱和西立柱,基本形成了东王公与东方,西王母与西方的组合关系。但在与山东地区地域相近,文化因素相同的安徽宿州褚兰镇石祠画像中出现了一些奇怪的组合。东王公端坐在东壁画像的顶部,西王母端坐在西壁画像的顶部,这种与东、西壁的组合没有问题,但是为东王公持华盖者为白虎,为西王母持华盖者为青龙(图3-7),这便与我们常见的东方青龙和西方白虎的观念发生了冲突。此外,图像中融合了许多陕北晋西北地区的图像元素,如华盖,以及西王母和东王公身边的鸡首人与牛首人,这些均是陕北、晋西北地区盛行的元素。这里出现的青龙白虎与方位对应的错误,或是匠人的失误,或源于前述陕北、晋西北地区方位对应意识淡薄的影响。

前文通过对五座纪年墓的分析,大致可以描绘出陕北、晋西北地区东王公图像的发展脉络。公元1世纪末,陕北地区开始出现西王母图像,分布在墓门左右立柱之上,两个完全对称的西王母组合出现;进入公元2世纪后,具有地方特色和过渡形态的"仙人六博"式东王公图像开始出现,但并未立即与西王母图像组合在一起,依然延续两个西王母组合的模式;稍后,"仙人六博"式东王公和西王母图像结合在一起,对应出现在墓门立柱上,目前仅发现四例,是过渡模式而已,东王公单独出现的情况有所增多;东汉中期晚段以来,以延光三年(124)画像石墓和牛公产墓中的东王公、西王母形象为典型的图像表现形式流行开来,主要特点为西王母梳高髻(少数戴胜)面向东王公坐于平台上,东王公冠三锋面向西王母坐于平台上,二人之上均有华盖,此阶段东王公单独出现的情况依然存在,并且两个东王公相对的例子有所增多(表一)。

四、四川、重庆地区

川渝两地汉画像中的西王母图像十分多见,可是能够明确认定为东王公画像的目前尚未发现[1]。值得注意的是,本地区西王母图像中融入了一些同时期本属于东王公形象独有的元素,在合江、郫县、彭山、新津、南溪和西昌等地均有发现。如合江一号石棺[2]侧板上,西王母头戴常见于山东地区的东王公高冠,肩生羽翼,坐于龙虎座上,似男子容貌,一旁有一羽人(图3-20)。再如合江四号石棺[3]侧板上,西王母头戴三锋冠坐于龙虎座上,面容似男性,右侧为车马临阙图案(图3-21)。此类画像多表现为将山东地区东王公形象中的高冠和三锋冠附加到西王母身上,其中甚至有一些相貌明显为男性的,这类人物会不会是东王公呢? 仔细观察图像的组合关系,可见这些人物一般表现为坐于龙虎座之上,并与天门、九尾

---

1 泸州1号石棺前档画像石中可能出现了东王公图像,画面中部绘有双阙、璧和神怪,在画面上部两侧各有一神人,均坐于龙虎座上,左者头戴三锋冠,肩生羽翼,从冠饰来看可能是东王公,右者梳高髻,肩生羽翼,是四川地区西王母常见的表现形式。有观点认为,右者头部有背光,笔者以为头部两侧的弧线并未闭合为圆环,且有两层弧线,与常见头光不同,且对比左者来看,将其认定为肩部羽翼可能更为合理。参见成都文物考古研究院、泸州市博物馆编著:《四川泸州汉代画像石棺研究》,北京:文物出版社,2019年,第23页。

2 中国画像石全集编辑委员会编:《中国画像石全集7·四川汉画像石》,第140页,图一七五。

3 中国画像石全集编辑委员会编:《中国画像石全集7·四川汉画像石》,第144页,图一七八。

狐和仙人等组合在一起,这正是本地区西王母图像常见的组合元素。而且同时期其他地区的东王公往往和西王母组合在一起出现,单独出现的情况十分少见。此外,同时期蜀地制作的铜镜中,东王公和西王母图像也往往组合在一起相伴出现。基于上述考虑,笔者认为暂不能将这些人物形象认定为东王公,可以看作是融合了东王公元素的西王母形象,这种融合现象在同时期的其他地区也较为普遍。

图3-20　合江一号石棺侧板画像石拓片

(采自:《四川泸州汉代画像石棺研究》.第97页,图一二七)

图3-21　合江四号石棺侧板画像石拓片

(采自:《中国画像石全集7·四川汉画像石》,第144页,图一七八)

五、甘肃地区

这一地区的东王公图像出现在魏晋时期的壁画墓中,基本延续了东汉以来所见的东王公形象,具有代表性的材料有以下两处:一处为甘肃高台县骆驼城壁画墓[1]，图中东王公头戴三锋冠面向一侧而坐，与之相对的西王母梳高髻面向一侧端坐，二人周围出现云气和植物（图3-22、图3-23）；另一处为酒泉市丁家闸五号墓[2]，图中的东王公生长须，头戴三锋冠，正面端坐于平台上，头顶有一轮红日，日中有金乌，红日上方有一倒悬的龙首，西王母梳高髻坐于平台上，下

图3-22　高台县骆驼城壁画墓东王公壁画

（采自徐光冀主编：《中国出土壁画全集9·甘肃、宁夏、新疆》，
北京：科学出版社，2012年，第41页，图41）

图3-23　高台县骆驼城壁画墓西王母壁画

（采自：《中国出土壁画全集9·甘肃、宁夏、新疆》，第42页，图42）

1　甘肃省文物考古研究所、高台县博物馆：《甘肃高台县骆驼城墓葬的发掘》，《考古》2003年第6期。
2　甘肃省博物馆：《酒泉、嘉峪关晋墓的发掘》，《文物》1979年第6期。

有九尾狐和三足乌,一旁有侍女手持华盖,上有一轮明月,月中有蟾
蜍,明月上方有一倒悬的龙首(图3-24、图3-25)。

图3-24　酒泉丁家闸五号墓前室东壁上层壁画

(采自:《中国出土壁画全集9·甘肃、宁夏、新疆》,第135页,图130)

图3-25　酒泉丁家闸五号墓前室西壁上层壁画

(采自:《中国出土壁画全集9·甘肃、宁夏、新疆》,第133页,图128)

第二节 铜 镜

画像镜与神兽镜是兴起于东汉中期而盛行于东汉晚期至魏晋时期的铜镜,其上描绘了丰富的东王公图像,基本均与西王母组合出现,且多有榜题表明其身份。其中较为特殊的三段式神仙镜和重列式神兽镜有必要单作讨论。这四种镜式各具有一定的表现模式和格套,以下将材料分类加以梳理。

一、神兽镜

此类铜镜以高浮雕技法刻画形象,神人神兽的形象十分突出,一般为圆钮、圆钮座。内区主要为神人神兽,外区有一圈半圆方枚带,其外再被锯齿纹环绕,最外圈往往还刻画有云气纹、蟠螭纹或铭文。

上海博物馆收藏的永康元年(167)环状乳神兽镜,内区四组神祇及四兽相间环绕,其中两组神祇端坐;另一组三神祇,中间一神祇弹琴;第四组中间坐者头上有冕旒。外区铭文为:"永康元年,正月午日,幽涷黄白,早作明竟(镜),买者大富,延寿命长,上如王父,西王母兮,君宜高位,立至公侯,长生大吉,太师命长"。[1] 两组端坐的神应为东王公和西王母,二人被龙虎夹侍,神兽镜中的东王公延续了汉画像中头戴三锋冠的形象表现传统,而西王母则出现了新的冠饰(发饰),即两端上翘,向内卷曲,且中间有一尖状凸起(图3-26)。

---

1 孔祥星、刘一曼:《中国铜镜图典》,第411页。

图3-26 永康元年(167)环状乳神兽镜

（采自上海博物馆编:《练形神冶、莹质良工:上海博物馆藏铜镜精品》,
上海:上海书画出版社,2005年,第182页)

二、画像镜

画像镜出现于东汉中期,盛行于东汉晚期至魏晋时期的南方地区,使用浅浮雕的技艺刻画神人、神兽、车马和历史故事等题材。内区一般为四乳,四乳间为各种画像,常出现车马、东王公、西王母、仙人王乔、赤松子和神兽等,还出现有吴越地区的历史人物和故事。画像镜中东王公与西王母作为两尊主神相对出现,东王公冠饰主要为进贤冠、通天冠和三锋冠,西王母常梳高髻,也有着花冠者,两侧有侍者,其他两区间一般为龙虎、车马出行、杂技歌舞等。有些铜镜在二位神祇旁刻有"东王公"和"西王母"的榜题,或在铭文中提及。

如蚌埠博物馆收藏的东汉神人龙虎画像镜[1]，内区四乳，东王公和西王母端坐，各有二侍者，东王公头戴通天冠，西王母脑后梳一发髻。另外两区为一龙一虎（图3-27）。

图3-27　东汉神人龙虎画像镜

（采自：《蚌埠市博物馆铜镜集萃》，第77页）

再如一面神人车马画像镜[2]，四乳将内区划分为四区间，东王公和西王母端坐，旁有"东王"和"西王母"的榜题。东王公头戴三梁进贤冠，两侧有数名侍者，另外两区为车马出行和一舞蹈女子，袖下榜题为"王女作昌"（图3-28）。

1　蚌埠市博物馆编著：《蚌埠市博物馆铜镜集萃》，北京：文物出版社，2014年，第77页。
2　深圳市文物管理办公室、深圳市博物馆、深圳市文物考古鉴定所编：《青峰泉、三镜堂藏中国古代铜镜》，北京：文物出版社，2012年，第161页。

图 3-28　神人车马画像镜

（采自：《青峰泉、三镜堂藏中国古代铜镜》，第 161 页）

三、三段式神仙镜

此类铜镜主要出土于四川和陕西关中等地区，流行于东汉晚期至魏晋时期，数量较少。内区由两条平行横线分割为上中下三段的图案组成。中段图案主要表现为西王母和东王公对坐于双兽座之上，西王母头戴胜，东王公着三锋冠，有的还出现铭文带。如邛崃羊安镇出土的东汉晚期三段式神仙镜上的铭文为"余造明镜，九子作，上仙神圣，西母东王，央赐妻元女，天下泰平，禾谷孰（熟）成"[1]（图 3-29、图 3-30）。

1　苏奎：《"三段式神仙镜"的图像研究》，《四川文物》2008 年第 4 期。

图 3-29　邛崃羊安镇出土三段式神仙镜

（采自苏奎：《"三段式神仙镜"的图像研究》，《四川文物》
2008 年第 4 期，第 60 页，图一）

图 3-30　绵阳何家山一号崖墓出土三段式神仙镜

（采自苏奎：《"三段式神仙镜"的图像研究》，《四川文物》
2008 年第 4 期，第 61 页，图二）

四、重列式神兽镜

此类铜镜主要流行于江南地区,流行时代为东汉晚期至魏晋。其上往往有铭文,且形成了大致相同的行文格式,一般写作:"吾作明竟,幽谏宫商,周罗容象,五帝天皇,白牙单琴,黄帝除凶,朱鸟玄武,白虎青龙,君宜高官,子孙番昌,建安十年朱氏作。"有的还提到了东王公和西王母[1]。学界一般认为紧靠镜钮左右两侧的神像为西王母和东王公[2],东王公多头戴三锋冠或高冠,西王母多表现为两端翘起的发髻(图3-31、图3-32)。

图3-31 建安六年(201)重列式神兽镜

(采自丁堂华主编:《鄂州铜镜》,北京:中国文学出版社,
2002年,第60页,图140)

---

1 王仲殊:《建安纪年铭神兽镜综论》,《考古》1988年第4期。
2 [日]林巳奈夫:《汉镜の图柄二、三について》,《东方学报》(第44册),1973年;
管维良:《汉魏六朝铜镜中神兽图像及有关铭文考释》,《江汉考古》1983年第
3期。

图 3-32 重列式神兽镜

(采自管维良著:《中国铜镜史》,重庆:重庆出版社,
2006年,第158页,图柒)

　　前述可知,铜镜中最早的东王公图像出现在建初八年(83)"吴
朱师作"画像镜和元兴元年(105)四川广汉造作的神兽镜中,出现之
初便与西王母形成组合。东王公流行于东汉中晚期至魏晋时期的神
兽镜和画像镜中,流行区域主要为南方地区的长江流域。铜镜上的
铭文和榜题中常常出现"东王公(父)""西王母"和"寿如东王父西王
母"之语,可见与长生不死的观念相关。铜镜中的东王公多头戴进
贤冠、通天冠和三锋冠,其中一些图案刻画的十分细腻清晰,能够
表现出进贤冠上梁的数量,对于考察东王公的地位和性质具有重
要意义。此外,比较特殊的三段式神仙镜和重列式神兽镜也为我
们了解东王公的地位提供了材料。这两种铜镜的特殊之处在于铜

镜画面被分为了三段,而东王公和西王母总是位于这两种神兽镜的中间一段,二者的上部和下部均有其他神人,可见东王公和西王母在天界的地位不是最高或最低的。值得注意的是,目前所见时代较早的出现有东王公图像的纪年铜镜是在四川广汉制造,并且这一时期还有许多刻画有东王公图像的铜镜在四川制作或出土,但是同时期四川地区盛行的画像石(砖)、陶器等考古材料中却稀见东王公的身影,可能反映了地域造物传统,这是一个值得思考的问题,有待进一步深入研究。

第三节　其　　他

在画像石(砖)、壁画、铜镜之外,东王公图像也出现在一些其他媒介中,但数量较少,代表性材料为河北望都二号汉墓所出石枕形器与河北中山穆王刘畅墓所出玉座屏。

一、河北望都二号汉墓出土石枕形器[1]

河北望都二号汉墓为多室砖墓,2 件彩绘枕形器分别出自中室和后一室,根据墓中出土的买地券可知,墓葬的绝对年代为东汉灵帝光和五年(182)。2 件石枕形器形制相同,平面均呈长方形,横断面呈六角方形,每件以 12 条长方形石板、3 件六角方形石板组成,长 35.3、宽 11.6、高 11.2 厘米(图 3-33)。在石板边端均有榫槽和穿孔,石板两面均绘有彩画,内容为云气、鸟兽、四神以及神话故事等图像。其

1　河北省文化局文物工作队编:《望都二号汉墓》,北京:文物出版社,1959 年,第11、12 页。

图 3-33　望都二号汉墓出土石枕形器

（采自中国国家博物馆编:《中国国家博物馆馆藏文物研究丛书·玉器卷》,
上海:上海古籍出版社,2007年,第197页）

绘法是先以墨笔画出单线轮廓,然后再加填朱色与贴金,构图精美。
其中3件六角方形石板位于枕形器的正中及两端,每件石板四边均
有凹凸状榫槽和圆形穿孔,石板两面边缘处绘有黑色轮廓线与锯齿
形纹样。正中的一块石板两面绘画的上半段均为神话故事,一面绘
东王公图像(图3-34),另一面绘西王母图像(图3-35、图3-36),
二者居画面中部,均拱手盘膝而坐,两旁并列侍从。下半段绘三马拉
轩车一辆,车上乘坐一人,御者手持六辔,在云气中行驶。一面于车
前绘一小兔作奔跑状。另一面于车前绘三位骑者,各骑马、鹿,身披氅
衣,左手执辔,右手扬鞭,在云气中开道奔驰。两端的两块石板画面内
容相同,外侧绘双凤含仙草,凤首相对,展翅翘尾(图3-37),内侧绘四
神图案,上为朱雀,下为玄武,左右青龙相对,白虎居中(图3-38)。
12件长方形石板位于枕形器的顶、壁、底各部,每条边端均绘菱格卷
云圆点纹样。顶与壁部的石板共10条,绘画内容相同,外侧均绘群
神朝拜图,上贴金片衬托,内侧绘骑士、鸟兽奔驰图。底部的石板共
2条,画面相同。一面绘群神朝拜图,另一面绘蛟龙相斗云气图。

图 3-34　石枕形器中间石板一侧的东王公图像

（采自:《望都二号汉墓》,第 27 页,图三〇）

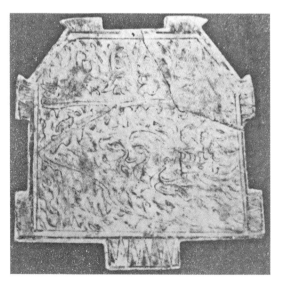

图 3-35　石枕形器中间石板一侧的西王母图像

（采自:《望都二号汉墓》,第 27 页,图三一）

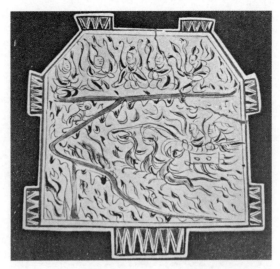

图 3-36　石枕形器中间石板一侧的西王母图像(摹本)

(采自:《望都二号汉墓》,第 29 页,图三七)

图 3-37　石枕形器两端石板外侧图像

(采自:《中国国家博物馆馆藏文物研究丛书·玉器卷》,第 197 页)

图 3-38 石枕形器两端石板内侧图像

（采自:《望都二号汉墓》,第 27 页,图二九）

东王公和西王母图像分别位于中间石板两侧,二人坐于一平台之上,从平台中部引出一段折线表示道路,折线另一端绘制车马出行图,可能表现了墓主人出行前往拜谒西王母和东王公的内容。由于画面保存状态较差,对于东王公图像的一些细节未能得到有效观察,暂无法就相关问题作进一步讨论。

二、河北中山穆王刘畅墓出土玉座屏[1]

河北定县 43 号汉墓即东汉中山穆王刘畅之墓,为多室砖墓,玉座屏发现于西后室,青玉制成,高 16.5、长 15.3 厘米。玉座屏由四件玉片组成,两侧支架及中间上下两层各一玉片,中间上下两层玉片两端的榫部插入两侧支架的孔隙之内。两侧支架均为叠胜形,长 15、宽

1　定县博物馆:《河北定县 43 号汉墓发掘简报》,《文物》1973 年第 11 期。

第三章 | 成熟期的东王公图像　　99

6.5厘米,内部透雕龙纹,缠绕于胜正中的长方形孔中。上层玉屏片正中透雕一位神祇形象,凭几高坐,分发高髻,头戴胜,肩生羽翼,周围环绕凤鸟、九尾狐、羽人等形象。下层玉片正中亦透雕一位神祇形象,凭几高坐,发后梳,头戴胜,肩生羽翼,周围环绕羽人、蟾蜍、玄武等形象(图3-39)。关于上下两层玉片中央所雕神祇的身份,发掘简报中提出上层为东王公,下层为妇人形象,应为西王母。1993年出版的《中国玉器全集》基本采信了发掘简报的意见[1]。2005年出版的《中国出土玉器全集》[2]与2017年出版的《定州藏珍》[3]中则认为上

图3-39　河北中山王刘畅墓出土玉座屏

(采自:《定州藏珍·精品卷》,第50页)

1　中国玉器全集编辑委员会编:《中国玉器全集4·秦·汉—南北朝》,石家庄:河北美术出版社,1993年,第310页。
2　古方主编:《中国出土玉器全集1》,北京:科学出版社,2005年,第208页。
3　定州博物馆编:《定州藏珍·精品卷》,北京:文物出版社,2017年,第50页。

层为西王母,下层为东王公,但并未给出具体的解释。徐琳先生通过结合文献和考古材料反映的汉代社会思想背景,认为其上屏描绘的人物形象应为西王母,而下屏主题人物根据出现的时代有三种可能:东王公,穆天子,墓主本人。它体现了汉代人们对生命不死的追求,是汉代神仙长生思想的集中反映[1]。练春海先生认为发掘简报将上层人物界定为东王公的看法具有一定道理[2]。

玉座屏上下两层人物形象十分相近,均戴胜端坐,很难将二者的身份进行界定。类似的情况还见于前述沂南汉墓墓门立柱画像,东王公与西王母均戴胜端坐,形象基本一致,仅能通过东王公的胡须加以区分。仔细观察可以发现,玉座屏中两位人物的主要区别在于发饰,上层人物向左右两侧分发,下层人物则向后梳发成圆髻。圆髻是西王母较为常见的发式之一,如山东嘉祥县嘉祥村出土画像石上刻画的西王母形象[3](图4-5-1),与玉座屏下层人物十分相似。东王公分发形象虽较为少见,但也曾出现过,如山东临沂吴白庄汉画像石墓中室北壁东门楣画像[4](图3-40)。基于上述认识,我们倾向于将上层人物认定为东王公,下层人物认定为西王母。进一步我们可以看到,东王公自身形象与西王母几近相同,身边侍从也与其相近,九尾狐甚至是从西王母身边照搬而来,代表了这一时期东王公图像与信仰的基本特点。

1　徐琳:《河北中山王刘畅墓出土玉座屏及"西王母"图像考》,《中原文物》2008年第1期。
2　练春海:《汉代玉胜研究》,《中国艺术时空》2014年第6期。
3　中国画像石全集编辑委员会编:《中国画像石全集2·山东汉画像石》,第117页。
4　临沂市博物馆编:《临沂吴白庄汉画像石墓》,济南:齐鲁书社,2018年,第204—207页。

图3-40　山东临沂吴白庄汉画像石墓中室北壁东门楣东王公画像拓片

（采自：《中国画像石全集3·山东汉画像石》，第12页，图一三）

第四节　小　　结

从时间上来看，刘贺墓衣镜的出土将东王公图像产生的时间上溯到西汉中期，与西王母出现时间基本相同，其虽在初现之时便与西王母组合，但仅是昙花一现。西汉晚期至东汉早期，东王公图像几乎不见，而西王母图像出现在山东、河南等地的画像石和壁画中，此间曾短暂出现西王母与羿（后羿）的图像组合。东汉中期早段在山东、陕北和四川地区曾短暂出现过具有过渡性质的东王公图像。此后东王公图像开始进入成熟期，广泛出现在山东、陕北和四川等地的汉墓中，并与西王母图像形成固定组合，甚至在魏晋时期的南方和河西地区也较为流行。从地域来看,主要流行于山东、陕北、晋西北等地区的画像石中,还有东汉后期至魏晋时期南方地区盛行的画像镜和神兽镜中,在江苏、安徽、甘肃、河南和河北等地也有零星发现。

从图像类型来看,在东王公图像盛行的山东、陕北和晋西北地区的画像石与南方地区的铜镜中,东王公形象发展十分成熟,形成了一定的表现模式和格套。山东地区形成了各具特色的三种地方类型:嘉祥类型、滕州类型和临沂类型。陕北和晋西北地区在东汉中期出现了较为特殊的"仙人六博"式东王公,但流行时间较短。铜镜中的东王公形象可分为四个类型:神兽镜、画像镜、三段式神仙镜和重列式神兽镜,每种镜式均有各自较为固定的表现形式。从东王公形象总体特征来看,其一般表现为高大的戴冠男子形象,或肩生羽翼,或长有胡须,冠饰主要有进贤冠、通天冠和三锋冠三种。

各地区之间的交流较为密切,不同地区的东王公图像出现相似的表现形式,其中山东和陕北地区之间的传播交流尤为显著,突出表现在华盖、鸡(牛)首人和方位对应观念等方面。从东王公的侍从或相伴出现的元素来看,地区间也存在一些差异。在山东地区的图像中,除与西王母共享的侍从(如玉兔、蟾蜍、九尾狐、三足乌、羽人等)外,独有的侍从为鸡首人、马首人、犬首人、人首鸟身者、双首兽等,这些元素作为东王公侍者的情况在其他地区基本没有发现;在陕北和晋西北地区东汉中期早中段的"仙人六博"式东王公图像中,大角鹿和龙作为固定的图像元素与东王公相伴出现,此外还有牛首人作为门吏侍者固定出现在东王公的下方,与鸡首人作为门吏侍者固定出现在西王母下方相对应。铜镜中东王公和西王母的侍者未见明显区别,均是羽人形象。

从图像分布的位置来看,山东地区祠堂画像中的东王公往往出现在东壁之上,与西壁的西王母相对,或是出现在墓门东立柱上,与西立柱的西王母相对。基本形成了东王公、西王母分别与东方、西方方位的固定对应组合,而在陕北和晋西北地区这种观念却并不流行。从与西王母组合关系来看,山东地区的画像石和南方流行的铜镜上的东王公图像从开始出现便与西王母组合对应在一起,且两者的构图模式基本一致。陕北晋西北地区的情况较为复杂,公元1世纪末陕北地区开始出现西王母,且为两个完全对称的西王母组合出现,此时还未出现东王公;进入公元2世纪,"仙人六博"式东王公图像开始出现,但并未立即与西王母组合在一起,依然保持两个西王母对应出现的现状;稍后,"仙人六博"式东王公和西王母图像结合在一起。而且整个东汉时期,东王公单独出现或是两个东王公相对出现的情况也有很多,是此地区十分特殊的表现形式。从身份地位来看,图像中的东王公和西王母地位基本一致,但二人在天界的地位并不是最高的。

从目前考古材料的梳理来看,无论是自身形象,还是身侧侍从,成熟期的东王公图像基本可以看作是西土母图像的翻版,附属于昆仑西王母神仙信仰之中,没有明确的证据能支持东王公与蓬莱神仙信仰之间的联系,这一点我们还将在后文作更为全面的分析。

第四章　东王公的形象与侍从

第一节　东王公的形象

　　冠饰是东王公与西王母之间最主要的差别之一,也是我们判断人物身份的关键,因此,有必要对东王公的常见冠饰进行梳理。

　　纵观文物图像材料,东王公多为戴冠端坐的男子形象,冠饰主要有三种:"高冠"(通天冠)、三锋冠(三山冠)和进贤冠,前两种多流行于山东地区,第二、第三两种多流行于陕北、晋西北地区以及铜镜之中。

　　三锋冠是最为流行的东王公冠饰,也称为"三山冠"。王煜先生对此冠的来源和发展等问题做了十分有益的讨论,认为此冠来源于天帝太一,象征着合天一三星而成的"太一锋",后来为道教所吸收,称作"三锋冠""三缝冠"和"三维冠"[1]。成书于魏晋时期的《老子中经》曰:"东王父者……衣五色珠衣,冠三缝,一云三锋之冠。"[2]《穆天子传》记载西王母作歌曰:"嘉命不迁,我惟帝女。"可见西王母为天

1　王煜:《南阳麒麟岗汉画像石墓天象图及相关问题》,《考古》2014 年第 10 期。
2　(宋)张君房编:《云笈七签》卷十八《老子中经》,北京:中华书局,2003 年,第98 页。

帝之女，而东王公因其在神仙信仰体系和当时社会中的崇高地位，加之与西王母密切的关系，佩戴三锋冠是合乎情理的。此外，汉代"周公辅成王"图像中的周成王、伏羲也佩戴此冠。汉代大一统国家建立以来，把人间帝王作为天子的观念深入人心，天帝则是人间帝王在天界的对应，周成王作为人间帝王戴三锋冠也就顺理成章了。作为东帝的伏羲与天帝太一关系密切，也可以戴三锋冠[1]。可以看出，三锋冠在汉代应是地位崇高且与天帝关系密切的男性人物才可以佩戴的。

前述山东地区嘉祥类型中，东王公常戴一种以往被学界称作"高冠"的冠饰，考于文献，未发现相关记载，仅是一种对冠饰外形的直观描述。其实所谓"高冠"，笔者认为可能是汉代的"通天冠"。通天冠是在进贤冠前部的颜题上装有高起的金博山[2]，图中中部高起的部分即是金博山，被它遮挡的后面部分即是进贤冠的梁，冠两侧突出的条状物可能就是"白笔"[3]，有些则表现为弯曲状，或许是丝带一类的构件（图4-1）。画像镜上有从侧面表现头戴通天冠的东王公形象（图4-2），与前述对通天冠的描述基本一致，图中可以清楚地看到金博山与梁之间的前后关系。东王公佩戴汉代人间最高等级的通天冠与前述佩戴三锋冠的性质和意义是相同的，均是为了体现其与天帝关系密切和显示其尊贵地位。

陕北、晋西北地区的画像石和南方地区的画像镜中，东王公多戴进贤冠。汉代进贤冠存在等级区分，"梁"的数量决定着等级的

1　王煜：《南阳麒麟岗汉画像石墓天象图及相关问题》，《考古》2014年第10期。
2　孙机：《汉代物质文化资料图说》（增订本），上海：上海古籍出版社，2011年，第266页。
3　孙机：《汉代物质文化资料图说》（增订本），第266页。

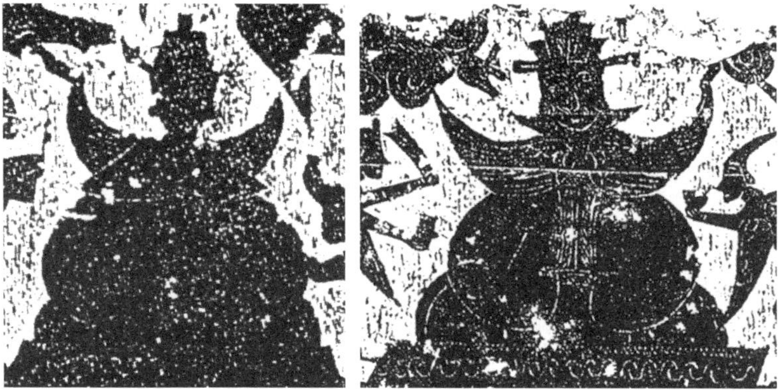

1　　　　　　　　　　　　　　　2

图 4－1　东王公画像石拓片

1. 武梁祠东壁东王公画像　2. 宋山小石祠东壁东王公画像
（采自：《中国画像石全集 1·山东汉画像石》，第 30、65 页，图五〇、图九〇）

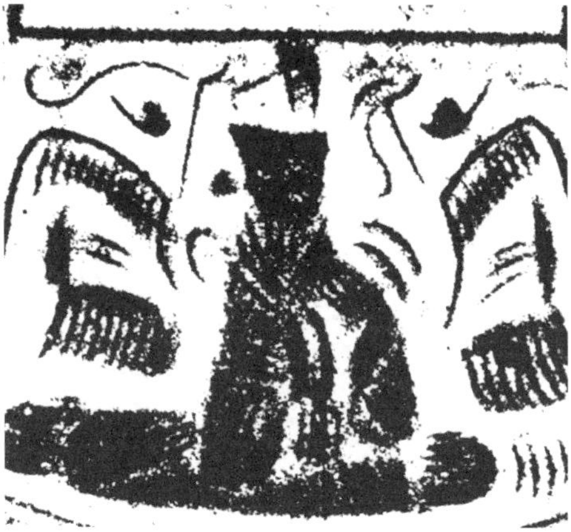

图 4－2　东汉神人龙虎画像镜东王公图像拓片

（采自：《蚌埠市博物馆铜镜集萃》，第 77 页）

高低，画像石上只能看到冠的大致样式，无法辨识细节，而一些做工精致的画像镜则为解决此问题提供了可能。在其中两枚东汉画像镜上可以清晰地看到东王公所戴的进贤冠有三梁（图 4－3），

《续汉书·舆服志》载:"公侯三梁。中二千石以下至博士两梁。自博士以下至小史、私学弟子皆一梁。"[1]在汉代,除皇室外,公侯便是最高贵的等级。当时太一为最高天神,东王公与西王母作为神仙信仰中的两位神祇,在天界的地位如同公侯,戴三梁进贤冠与东王公在天界的地位是相匹配的。值得注意的是,出现在海昏侯刘贺墓衣镜上最早的东王公形象便是佩戴三梁进贤冠(图2-1-4),或许东王公的冠饰传统及其地位等级在那时已经初步形成并延续至东汉魏晋时期。

1   2

图4-3 东汉画像镜东王公图像拓片

1. 三镜堂藏画像镜局部 2. 三槐堂藏画像镜局部
(采自:1.《青峰泉、三镜堂藏中国古代铜镜》,第161页;2. 王纲怀编著:
《三槐堂藏镜》,北京:文物出版社,2004年,第149页,图一〇五)

上述材料为我们讨论东王公的地位提供了很好的思路,东王公佩戴专为天帝享用的三锋冠和人间最高级的通天冠,是为了显示其与天帝有十分密切的关系,而且以此来表现其地位的尊贵。前述三

1 《续汉书》志第三十《舆服下》,北京:中华书局,1965年,第3666页。

段式神仙镜和重列式神兽镜中,东王公和西王母均位于中间一段,其上部和下部还有其他神祇,并结合东王公常佩戴人间公侯所用的三梁进贤冠,可见东王公和西王母并不是地位最高的天神,而是地位较高的两位大神,在天界的地位可能如同人间的公侯一般。

第二节　东王公的侍从

研究东王公图像材料时,除了要关注人物自身的特征外,也要注意与之组合相伴出现的元素,其中最为关键的部分便是两侧的神祇侍从。

在山东地区,东王公与西王母两者在侍从上的区别较小,西王母的侍从主要有玉兔、蟾蜍、三足乌、九尾狐、凤鸟以及众多的羽人,这些元素在东王公身边也有出现(图3-4),无法截然分开,可以说是在东王公图像出现后两者共享的一部分侍从,可能是为塑造东王公图像而借用侍从的结果。鸡首人和马首人作为比较特殊的一类侍从,最早在山东地区的西汉中晚期画像中出现,并且最初是作为西王母的侍从出现的。如山东微山县微山岛石椁画像[1]中,西王母似戴胜凭几而坐,位于屋室之中,其下有一鸡首人和马首人似持物而立,其旁还有一些蛇身侍者(图4-4-1)。滕州马王村石椁侧板画像[2]上,西王母正面端坐,一旁有侍者、捣药的玉兔和凤鸟,其右下有一鸡首人和马首人(图4-4-2)。到东汉早期这种现象依然存在且数量增多。

---

[1] 中国画像石全集编辑委员会编:《中国画像石全集2·山东汉画像石》,第46页,图五四。

[2] 中国画像石全集编辑委员会编:《中国画像石全集2·山东汉画像石》,第184页,图一九三。

如嘉祥出土的一方画像石[1]上,西王母戴胜正面端坐,两旁有羽人服侍,在画面两端有三个鸡首人身者持物跪拜西王母(图4-5-1),与之类似的还有该地多处画像石图像(图4-5-3、图5-4)。徐州沛县栖山石椁侧板[2]上,西王母戴胜凭几坐于楼阁中,其下有一凤鸟,右侧似为捣药的玉兔,其旁有四名侍从,中间的两位为鸡首人和马首人(图4-5-2)。到东汉中晚期,东王公图像再次出现后,兽首人身侍从便很少与西王母组合出现,而是如前所述,鸡首人和马首人大量出现在嘉祥地区汉画像石中东王公图像的身边(图3-1、图3-2、图3-3、图3-4)。可见当时为了塑造再次出现的东王公形象,时人可能将原本属于西王母的侍从转移到东王公身边,也可佐证此时的东王公不具有独立神格,是附属于西王母信仰的。

图4-4　西汉中晚期至新莽时期西王母与鸡首人、马首人画像石拓片

1. 微山县微山岛石椁侧板画像局部　2. 滕州马王村石椁侧板画像局部
(采自:《中国画像石全集2·山东汉画像石》,第46、184页,图五四、图一九三)

1　中国画像石全集编辑委员会编:《中国画像石全集2·山东汉画像石》,第117页,图一二五。
2　徐州市博物馆、沛县文化馆:《江苏沛县栖山汉画像石墓清理简报》,载《考古》编辑部编:《考古学集刊2》,北京:中国社会科学出版社,1982年,第106—112页。

1

2

3

图4-5　东汉早期西王母与鸡首人、马首人画像石拓片（一）

1. 嘉祥画像石局部　2. 徐州沛县栖山石椁侧板画像局部
3. 嘉祥洪山画像石局部

（采自：1、3.《中国画像石全集2·山东汉画像石》，第117、87页，图一二五、
图九四；2.《中国画像石全集4·江苏、安徽、浙江汉画像石》，第3页，图四）

　　陕北、晋西北地区东王公侍从的情况与山东地区较为类似，存在
一些共享的图像元素，如鸟类、狐、羽人等，这些元素既出现在西王母

身边,也可出现在东王公身边,无法截然区分。唯一的例外是在公元2世纪初出现的"仙人六博"式东王公图像中,东王公与仙人、六博对弈等元素形成固定模式,并在图像下部的两个小平台上固定出现长角鹿和龙等配饰图案。

反观早期东王公与西王母图像,刘贺墓衣镜所呈现的侍从形象与后期所见者存在较大差异。在两位神祇的身侧各有一位侍从,从外形来看与普通人类并无二致,缺乏后期侍从图像展现出的神仙色彩。东王公身旁的侍从似为一男性,跪地面向东王公,身前放置一盆状物。西王母身旁的侍从似为一女性,跪地面向西王母,左手执一容器,右手持杵状物(图4-6)。与后期西王母图像对比可知,侍从正在捣药,但与我们熟知的玉兔捣药在行为主体上发生了变化,可能预示着玉兔捣药图像的早期源头,这一转变是值得思考的。

图4-6 海昏侯刘贺墓出土衣镜镜框上框图像(摹本)

(采自王楚宁:《江西南昌西汉海昏侯刘贺墓出土"孔子镜屏"复原研究》,
《文物》2022年第3期,第55页,图一)

通过上述对东王公形象特征和侍从分析来看,东王公有许多自身特有的要素,但主要出现在早期东王公图像中。成熟期的东王公图像更多是仿效西王母或是直接将本属于西王母的元素借用过来,可见成熟期的东王公基本是依附于西王母信仰而存在,没有完全独立的神格,尚未与蓬莱信仰产生联系。

第五章 东王公图像与西王母
图像的关系

第一节 深受西王母影响的东王公图像

西王母自西汉中期在河南地区的壁画墓中出现[1]，便一直存在于汉晋时期的画像石（砖）、铜镜和壁画中。近年来刘贺墓衣镜的出土，将东王公出现的时间上溯到西汉中期，与西王母出现的时间基本相同，但西汉中期的东王公图像仅有两例，直到建初八年（83）"吴朱师作"铜镜中再次出现，中间的间隔时间长达百余年。东汉中期之前的东王公图像极少，而西王母图像在西汉末和东汉早期已经发展的较为成熟，那么东汉之际东王公图像再次出现时，必然会受到西王母图像的影响，正如学界多将东王公看作西王母的镜像一般，这一看法在前文有关东王公侍从的分析中也可以得到佐证。如沂南汉墓[2]墓门右立柱上的东王公形象与西王母基本一致，高髻戴胜，坐于相同的平台上，唯有胡须显示其性别，西王母两侧各有一捣药的玉兔，东王公两侧各有一捣药的羽人，玉兔与羽人形象十分相似，若不仔细观察都无法将二

1　李凇：《论汉代艺术中的西王母图像》，第38页。
2　南京博物院、山东省文物管理处编著：《沂南古画像石墓发掘报告》。

者区分开来（图5-1）。又如邹城出土的一方东汉晚期画像石[1]中，一位既戴进贤冠又戴胜的男子凭几而坐，两侧有侍者，仅凭图像我们可能无法判断此人到底是东王公还是西王母，幸好左上方有榜题"东王父"来确认身份。端坐的男子身份很高且是画面的中心人物，而且对比前述山东地区的东王公图像来看，此人物形象应与嘉祥类型相似，榜题虽然位于左上角，但所指应是凭几端坐之人（图5-2）。这处材料说明，文物图像材料中可能还有部分东王公图像被我们遗漏，暂时难以辨认出来。反之，东王公形象元素有时也会融合在西王母身上，正如前文所述的川渝地区画像石中的情况（图3-20、3-21）。

图5-1　沂南汉墓墓门立柱画像石拓片

1. 左立柱　2. 右立柱
（采自：《中国画像石全集1·山东汉画像石》，第135、134页，图一八四、一八二）

1　胡新立：《邹城汉画像石》，北京：文物出版社，2008年，第60页，图六六。

图 5-2　邹城出土画像石拓片

（采自：《邹城汉画像石》，第 60 页，图六六）

第二节　鸡首人、马首人和牛首人

前文可知，成熟期的东王公图像深受西王母影响，在东汉中期东王公图像再次出现的造神活动中，时人将原属于西王母的一部分侍从转移到东王公的身边。在陕北和晋西北的画像石中常出现与山东地区类似的鸡首人和牛首人，应是受到山东地区影响而出现的，学界对此问题的关注较少，现将两地的材料统筹在一起考察，梳理相关材料的源起、发展以及地区间的传播交流等问题，以此研讨西王母与东王公之间的关系。

目前所知最早的鸡首人和马首人出现在西汉中晚期(前 73～前 33)邹城郭里镇卧虎山 M2 石椁北椁板外侧中栏画像[1]中(图 5-3)。鸡首人和马首人立于画面左侧,面向一人行礼,此人头戴雄鸡冠,身上佩有小猪,应是孔子高足子路,符合《史记》所言"冠雄鸡,佩猳豚"[2]的描述。与此石椁同时或稍晚一些的微山县微山岛石椁画像和滕州马王村石椁画像[3]中(图 4-4),鸡首人和马首人作为西王母的侍者业已出现了。东汉早期的情况有所变化,西王母身边一般仅出现鸡首人,只有徐州栖山石椁[4]中鸡首人和马首人同时出现

图 5-3 邹城郭里镇卧虎山 M2 石椁北椁板外侧中栏画像石拓片

(采自:《邹城汉画像石》,第 12 页,图一六)

---

1 邹城市文物管理局:《山东邹城市卧虎山汉画像石墓》,《考古》1999 年第 6 期;胡新立:《邹城汉画像石》,图版说明第 2 页。

2 《史记》卷六十七《仲尼弟子列传》,第 2191 页。

3 中国画像石全集编辑委员会编:《中国画像石全集 2·山东汉画像石》,第 46、184 页,图五四、图一九三。

4 中国画像石全集编辑委员会编:《中国画像石全集 4·江苏、安徽、浙江汉画像石》,第 3 页,图四。

（图 4-5、图 5-4），可见此时鸡首人和西王母组成了固定模式，由此
引发之后陕北地区鸡首人可代替西王母的现象。东汉中期，东王
公再次出现后，鸡首人和马首人便很少出现在西王母身边，多作为
东王公的侍者出现在嘉祥地区的汉画像中（图 3-1、图 3-2、图 3-3、
图 3-4）。

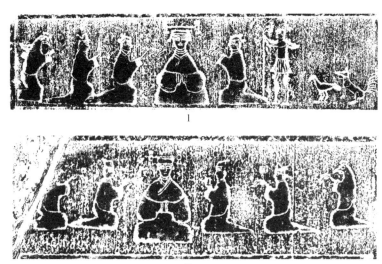

2

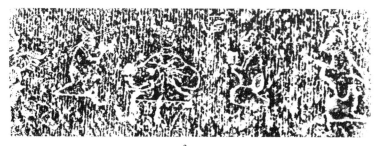

3

图 5-4 东汉早期西王母与鸡首人、马首人画像石拓片（二）

1. 嘉祥蔡氏园画像（一） 2. 嘉祥蔡氏园画像（二） 3. 山东出土画像
（采自傅惜华、陈志农编，陈志农绘，陈沛箴整理：《山东汉画像石汇编》，
济南：山东画报出版社，2012 年，第 169、170、277 页）

在陕北地区,鸡首人最早于永元四年(92)田鲂墓[1]前室后壁横额中作为西王母的侍者出现(图5-5)。类似的构图在绥德四十里铺[2](图5-6)和军刘家沟墓[3]也有发现,表现为横额左部西王母正面端坐,鸡首人跪拜于西王母一侧,构图及表现形式明显与东汉早期山东地区的图像类似(图4-5、图5-4),应是模仿山东地区而出现的,鸡首人与西王母固定组合的观念也流传到了陕北地区。值得注意的是,马首人未在陕北和晋西北地区出现,但此地区相对鸡首人而创造的牛首人则极为流行,常与鸡首人组合出现。目前所知最早的有明确纪年信息的牛首人出现在永元四年(92)田鲂墓前室后壁左立柱画像中,出现之初并未与鸡首人和东王公形成组合,牛首人正面拱手,低首站立,其上为伏羲(图5-5),与后期流行的形象差别较大。东汉永初元年(107)前后的米脂官庄一号和二号墓[4]中,鸡首人和牛首人开始组合出现,模仿东王公和西王母组合形式,端坐于墓门左右立柱相同位置的平台上,这样的表现形式可理解为西王母和东王公的替代者(图5-7),此类画像数量最多。2005年发掘的时代为延光三年(124)前后的米脂官庄二号墓[5]中,鸡首人和牛首人着长褥大绔,分别手持矛、戟,占据了原来门吏的位置,这时二者的身份又变成了西王母和东王公下方的门吏(图5-8),且形成鸡首人为西王母门吏和牛首人为东

1 榆林地区文管会、绥德县博物馆:《陕西绥德县四十里铺画像石墓调查简报》,《考古与文物》2002年第3期。
2 中国画像石全集编辑委员会编:《中国画像石全集5·陕西、山西汉画像石》,第134页,图一七七。
3 李贵龙、王建勤主编:《绥德汉代画像石》,第138页。
4 陕西省博物馆、陕西省文管会写作小组:《米脂东汉画象石墓发掘简报》,《文物》1972年第3期。
5 榆林市文物保护研究所、榆林市文物考古勘探工作队编著:《米脂官庄画像石墓》,第62页。

王公门吏的固定组合,至东汉晚期在晋西北地区的画像中依然存在。
鸡首人与西王母对应,牛首人与东王公对应的观念在陕北形成,并且后
来还传播回苏北和安徽地区。如熹平三年(174)安徽宿州祠堂[1]中,
东王公正面端坐于东壁画像顶端,旁有白虎为其持华盖,其右侧第二
人为牛首人,正拱手跪拜东王公;西壁画像也有类似的鸡首人拱手跪
拜西王母的图像(图3-7)。此外,与之相似的还有江苏邳州陆井
墓[2]中牛首人作为东王公侍者出现在石祠侧壁顶部(图5-9)。

图5-5　田鲂墓前室后壁画像石拓片

(采自:《绥德汉代画像石》,第18、19页,图4)

图5-6　绥德四十里铺门楣画像石拓片

(采自:《中国画像石全集5·陕西、山西汉画像石》,第134页,图一七七)

1　中国画像石全集编辑委员会编:《中国画像石全集4·江苏、安徽、浙江汉画像
　　石》,第130、131页,图一七〇、图一七一。
2　中国画像石全集编辑委员会编:《中国画像石全集4·江苏、安徽、浙江汉画像
　　石》,第103页,图一四一。

图 5-7 米脂官庄二号墓墓室画像石拓片

（采自：《陕北汉代画像石》，第 13 页，图 46、图 47、图 48）

图 5-8 2005 年发掘的米脂官庄二号墓前室东壁画像石拓片

（采自：《米脂官庄画像石墓》，第 64 页，图七一）

图5-9　邳州陆井墓画像石拓片

（采自:《中国画像石全集4·江苏、安徽、浙江汉画像石》,
第103页,图一四一）

　　综上所述,鸡首人、马首人和牛首人大致经历了以下四个发展
阶段:

　　第一,西汉中晚期鸡首人和马首人作为西王母侍者出现在山东
地区。

　　第二,东汉早期马首人几乎不见,鸡首人作为西王母侍者出现在
山东地区,并且与西王母固定组合的观念形成,稍后影响到陕北地
区,鸡首人甚至可以代表西王母出现在画像石上。这一时期牛首人

开始出现在陕西地区,出现之初并未与鸡首人和东王公组合在一起。

第三,东汉中期鸡首人和马首人作为东王公侍者集中出现在嘉祥地区。公元2世纪初鸡首人与牛首人组合出现,分别作为西王母和东王公的替代者。与"鸡首人——西王母"的组合关系相同,牛首人与东王公组合在陕北地区成为固定模式,并影响鲁南、苏北、皖北等地。

第四,公元2世纪开始,鸡首人和牛首人身份发生转变,分别作为西王母和东王公的门吏出现。

从目前来看,鸡首人于西汉中晚期最早出现在山东地区,并且作为西王母的侍从,形成了"鸡首人——西王母"的组合对应关系,在东汉早期影响到了陕北地区。虽然最早的牛首人形象出现在山东地区还是陕北地区尚难以定论,但"牛首人——东王公"的组合对应关系则是在陕北地区确定的,并传播到江苏、安徽等地。此外,关于鸡首人、牛首人的命名问题学界向来争论不休[1],近来牛天伟、牛一帆提出二者为秦人的"宝鸡神"与羌人的"大梓牛神"的说法[2]相对合理。并且随着陕西绥德辛店牛首人身画像石及其榜题"丰怒特"的发现,学界认识到牛首人身、鸡首人身神灵的身份分别为"怒特"与

---

1 李锦山:《西王母题材画像石及其相关问题》,《中原文物》1994年第4期;李发林:《汉画考释和研究》,北京:中国文联出版社,2000年,第192页;赵吴成:《河西墓室壁画中"伏羲女娲"和"牛首人身、鸡首人身"图像浅析》,《考古与文物》2005年第4期;叶舒宪:《牛头西王母形象解说》,《民族艺术》2008年第3期;朱存明、李姗姗:《汉画像西王母神怪侍者研究》,载中国汉画学会、河南博物院编:《中国汉画学会第十三届年会论文集》,第308—318页;李姗姗:《浅析汉画像鸡首人身神怪象征意义》,载中国汉画学会、河南博物院编:《中国汉画学会第十三届年会论文集》,第319—325页;姜生:《汉代神祇考》,《江西社会科学》2015年第1期。

2 牛天伟、牛一帆:《汉晋时期的"鸡首、牛首人身"神像新解》,《华中国学》2018年秋之卷。

"陈宝"[1]。"怒特"与"陈宝"是秦人信仰体系的重要组成部分,二者皆从秦文公时开始祭祀[2],直至东汉时期仍在陕北地区流行,从地缘文化和二者在陕北形成对偶神来看,这一认识在陕西地区当无问题,但是否适用于鲁南、苏北、皖北等地恐未能定论。图像往往蕴含某种观念信仰,二者孰先孰后却并不一定,后期的混淆、转移、替换与附会新的意义时有发生,二者在区域间的传播抑或相伴随行,抑或各自独立,知画不知意与知意不知画现象屡见不鲜,凡此种种都为我们探查历史真相增添了不小的困难。

此外还有一些十分有趣的现象值得注意,从中亦可管窥东王公与西王母之间的互动关联。纵观山东地区西王母和东王公图像的发展演变,东王公的出现是一个十分重要的节点。自从东汉中期东王公再次出现以来,其与西王母对应组合的图像确定之后,那种存在于西汉末至东汉初期表现形式较为粗糙混乱的西王母图像(图 4－4、图 4－5)便不复存在,而是形成了较为固定的构图模式,图像更加标准化、规范化,发展出数种各具特色的模式。但在四川地区,这种情况却恰恰相反,融合了东王公特征的西王母图像变得十分奇怪(图 3－20、图 3－21),以至于让我们无法确定这些图像代表西王母或是东王公,抑或二者的合体。

<hr>

1 曾磊:《怒特与陈宝——秦汉信仰图谱的生成与变异》,第二届汉代图像研究青年论坛,华东师范大学,2021 年 6 月 19 日;姜生:《汉镜画像范式三题》,万物毕照:中国古代铜镜文化与艺术学术研讨会,清华大学艺术博物馆,2021 年 6 月 19 日。

2 《史记》卷五《秦本纪》:"(文公)十九年,得陈宝。"《史记》卷二十八《封禅书》:"作鄜畤后九年,文公获若石云,于陈仓北阪城祠之。其神或岁不至,或岁数来,来也常以夜,光辉若流星,从东南来集于祠城,则若雄鸡,其声殷云,野鸡夜雊。以一牢祠,命曰陈宝。"《史记》卷五《秦本纪》:"(文公)二十七年,伐南山大梓,丰大特。"《史记》,第 179、180、1359 页。

第六章　东王公的再度兴起及其与蓬莱信仰关系的确立

前文主要通过对考古材料的梳理来讨论东王公图像,对其基本面貌有了较为全面的认识。现在有必要对这一时期的文献材料作一番梳理,将两者结合起来观察,对了解东王公信仰的源起和发展以及东王公与蓬莱关系的确立等问题会有所帮助。

在本书开头,笔者已经梳理过前人对于东王公起源的讨论,一般认为东王公信仰来源于古代社会对于日神、阳神和东方的崇拜,只是这些材料多为孤证,无法与后世东王公信仰直接联系起来。但其中一些说法也是值得注意的,曹操《陌上桑》中写道:"济天汉,至昆仑,见西王母,谒东君。"[1] 曹操已是三国时期的人物,西王母与东王公早已形成组合,他对此应该是清楚的,可能这里的"东君"是东王公的别名。《楚辞·九歌·东君》有对日神的描绘,将日神称为东君[2],《太平御览》引《广雅》曰:"日名耀灵,一名朱明,一名东君,一名大明,亦名阳乌,日御曰羲和。"[3]《汉书》中也有刘邦下令祭祀东君的

1　逯钦立辑校:《先秦汉魏晋南北朝诗》,第348页。
2　(宋)洪兴祖撰,白化文等点校:《楚辞补注》卷二《九歌·东君》,第74—76页。
3　(宋)李昉等撰:《太平御览》卷三《天部三·日上》,北京:中华书局,1960年,第17页。

记载[1]。东王公作为与西王母对应出现的东方大神，或许保留了一些古代关于日和东方的崇拜，这在前述山东地区早期东王公画像中也有表现。东王公立于伏羲女娲之间，二人共同捧日，没有出现捧月，或许展示了东王公与日的密切关系（图2-10）。

关于东王公较为可信的记载出现在两汉时期，前述西汉中期刘贺墓衣镜的墨书文字应该是目前所见最早关于东王公的出土文献材料，表达了主人希望新的衣镜及其上绘制的图案可以"辟非常""除不详（祥）"，来实现"顺阴阳""乐未央"的美好愿望。铭文展现了辟邪除凶和阴阳等观念，而且根据前文的论述，东王公的出现可能与时人热衷的东海信仰相关，但与蓬莱的关系尚未完全明确。

班彪《览海赋》中与西王母对举的是仙人王乔与赤松，并没有出现东王公，其文曰："余有事于淮浦，览沧海之茫茫……松乔坐于东序，王母处于西箱。"[2]此类文字还有许多，班彪生活在新莽时期至东汉早期，此时几乎不见东王公图像，与文献记载较为一致。

此后东王公图像再次出现并进入发展成熟期（东汉中期至东汉晚期），深受西王母的影响，基本成为其镜像与翻版，并与西王母、昆仑为代表的升仙信仰产生密切关联，没有独立之神格，与蓬莱信仰也未能建立联系。如《乐府诗集》中汉代乐府诗《陇西行》云：

> 邪径过空庐，好人常独居。卒得神仙道，上与天相扶。过谒王父母，乃在太山隅。离天四五里，道逢赤松俱。揽辔为我御，

---

1 《汉书》卷二十五《郊祀志》，第1211页。

2 （唐）欧阳询撰，王绍楹校：《艺文类聚》卷八《水部上·海水》，上海：上海古籍出版社，1982年，第152页。

将我上天游。天上何所有,历历种白榆。桂树夹道生,青龙对伏
跌。凤凰鸣啾啾,一母将九雏。顾视世间人,为乐甚独殊。[1]

可见要想成仙需要拜谒东王公和西王母,二者与升仙存在密切
关联。元兴元年(105)四川广汉造作的铜镜中出现"寿如东王父西
王母"的铭文,是目前所见较早有关东王公的纪年铭文材料。东汉时
期的铜镜铭文中常出现此语,"东王父"之名显然是对应"西王母"而
出现的,可见东汉中期东王公图像再次出现时深受西王母影响。

这一时期关于东王公的记载较少,对于其描述也是片面和模糊
的,缺乏较为具体的内容,只是在有关长生不死和升仙的记载中与西
王母并举而已,而先秦两汉时期的文献中对于西王母及其信仰的描
述已十分丰富。基于此情况并结合图像材料可知,东汉中期以来,东
王公再次出现时,无论从形象造型还是信仰观念上都深受西王母的
影响,被纳入西王母的升仙信仰之中,没有独立的神格,甚至巫鸿先
生等将东王公视为西王母的镜像。值得注意的是,在武氏祠左石室
屋顶前坡东段画像[2]中(图6-1)描绘了墓主升仙之旅,即去谒见东
王公和西王母,与前述文献描述相似,但是图像中东王公位居画面顶
端中部,而西王母则位于画面右侧,且比东王公的位置略低。这里的
西王母似乎比东王公地位略低,或是武氏家族崇尚儒学的缘故,东王
公和西王母前的马车可能分属于男墓主和女墓主,体现了男尊女卑
的观念。

1　逯钦立辑校:《先秦汉魏晋南北朝诗》,第267页。
2　中国画像石全集编辑委员会编:《中国画像石全集1·山东汉画像石》,第62页,
　图八七。

图 6-1　武氏祠左石室屋顶前坡东段画像石拓片

（采自：《中国画像石全集 1·山东汉画像石》，第 62 页，图八七）

　　魏晋南北朝时期有很多假托汉代人的著作，这些作品中有许多关于东王公的记载。伪托于东方朔的《神异经》云："东荒山中有大石室，东王公居焉。长一丈，头发皓白，人形鸟面而虎尾。"[1] 显然是仿效《山海经》中对西王母的描述而来。"又西三百五十里，曰玉山，是西王母所居也。西王母其状如人，豹尾虎齿而善啸，蓬发戴胜，是司天之厉及五残。"[2] 且《神异经》本身就是模仿《山海经》的模式而杜撰的。《神异经·中荒经》记载："昆仑之山有铜柱焉，其高入天，

<hr />

1　（汉）东方朔撰，（晋）张华注，（明）朱谋㙔校：《神异经》，载王根林、黄益元、曹光甫校点：《汉魏六朝笔记小说大观》，第 49 页。
2　袁珂校注：《山海经校注》，第 45 页。

所谓天柱也。围三千里,周圆如削。下有回屋,方百丈,仙人九府治之。上有大鸟,名曰希有。南向。张左翼覆东王公,右翼覆西王母。背上小处无羽,一万九千里。西王母岁登翼上,会东王公也。故其《柱铭》曰:'昆仑铜柱,其高入天。员周妃削,肤体美焉。'其《鸟铭》曰:'有鸟希有,碌赤煌煌。不鸣不食,东覆东王公,西覆西王母。王母欲东,登之自通。阴阳相须,唯会益工。'"[1] 又如《初学记》卷七引郭子横《洞冥记》曰:"东方朔得神马一匹,高九尺。武帝问朔是何兽也? 朔曰:'此王母乘灵光之辇,以适东王公之舍。'"[2] 这些对于东王公的记载,有一些仍不出昆仑、西王母的神话体系。但从西王母需要每年去东方拜访东王公的记载可知,东王公的地位或在渐渐提高,这是此时期东王公信仰发展的突出特点,但此时东王公依然未能完全脱离西王母信仰,东王公与蓬莱也尚未建立联系。

前述可知,东王公于西汉中期初现,西汉晚期至东汉早期几乎不见,东汉中期再次出现时,已深受西王母的影响,成为其镜像,被纳入西王母信仰中。到了汉末魏晋之际,东王公地位有所提升,渐渐脱离西王母信仰,随着道教兴起和蓬莱信仰的复兴,时人将东王公与蓬莱构建在一起,两者的关系得以确立,这其中道教发挥了巨大的作用。下列文献正好可以说明这一点。

曹植的《平陵东行》曰:"东上蓬莱采灵芝。灵芝采之可服食,年若王父无终极。"[3]《云笈七签》卷七十九引汉末魏晋时期的《老君中经》

---

1 (汉)东方朔撰,(晋)张华注,(明)朱谋㙔校:《神异经》,载王根林、黄益元、曹光甫校点:《汉魏六朝笔记小说大观》,第 57 页。

2 (唐)徐坚等著:《初学记》卷七《地部下·关第八》,北京:中华书局,1962 年,第161 页。

3 逯钦立辑校:《先秦汉魏晋南北朝诗》,第 437 页。

曰:"东王父者,清阳之气也,万神之先。治东方,下在蓬莱山。"[1]两处记载直接将东王公与东海蓬莱神山联系起来,成为蓬莱仙山的主神,并且渐渐被纳入道教信仰之内。又如《海内十洲记》中关于东王公的记载便充满道教色彩,云:

> 扶桑在东海之东岸,岸直,陆行登岸一万里,东复有碧海。海广狭浩污,与东海等。水既不咸苦,正作碧色,甘香味美。扶桑在碧海之中,地方万里。上有太帝宫,太真东王父所治处。[2]

扶桑与蓬莱均是东海中的神山仙岛,张衡《思玄赋》:"登蓬莱而容与兮,鳌虽抃而不倾。留瀛洲而采芝兮,聊且以乎长生。凭归云而遐逝兮,夕余宿乎扶桑。噏青岑之玉醴兮,餐沆瀣以为粮。"[3]

汉末魏晋之际道教出现并兴起,作为社会一般信仰的东王公与西王母也被其吸收并纳入道教体系之中,成为道教最为重要的神祇之一,扮演着重要角色[4]。后世道教文献中保留了很多此前的东王公和西王母信仰,本书所论材料是否为道教信仰产物还需要谨慎论证,但早期道教对于东王公与蓬莱关系的确立发挥了重要作用,相关记载俯拾皆是,如梁陶弘景的《真诰》云:

> 昔汉初,有四五小儿,路上画地戏。一儿歌曰:"着青裙,入

---

1 (宋)张君房编:《云笈七签》卷七十九《符图》,第1795页。
2 (汉)东方朔撰:《海内十洲记》,载王根林、黄益元、曹光甫校点:《汉魏六朝笔记小说大观》,第69页。
3 《后汉书》卷五十九《张衡列传》,北京:中华书局,1965年,第1920页。
4 有关东王公与道教的研究,可参看萧登福:《扶桑太帝东王公信仰研究》。

天门。揖金母，拜木公。"到复是隐言也，时人莫知之，唯张子房知之，乃往拜之。此乃东王公之玉童也。所谓金母者，西王母也。木公者，东王公也。仙人拜王公，揖王母。[1]

类似的文献还有五代道士杜光庭所著《西王母传》[2]，云：

> 西王母者，九灵太妙龟山金母也，一号太灵九光龟台金母，亦号曰金母元君，乃西华之至妙洞阴之极尊。在昔道气凝寂，湛体无为，将欲启迪玄功，生化万物。先以东华至真之气，化而生木公焉。木公生于碧海之上，苍灵之墟，以主阳和之气，理于东方，亦号曰王公焉。又以西华至妙之气，化而生金母焉。金母生于神洲伊川，厥姓缑氏，生而飞翔，以主阴灵之气，理于西方，亦号王母。皆挺质太无，毓神玄奥，于西方眇莽之中，分大道纯精之气，结气成形，与东王木公共理二气，而育养天地，陶钧万物矣。[3]

尽管两汉时期东王公与蓬莱的联系尚未明确建立，成熟期的东王公基本是西王母的镜像，但东汉晚期以来，东王公逐渐开始脱离西王母信仰，谋求独立神格与地位的提升，最终在道教等力量的推动下

---

1 （梁）陶弘景撰，赵益点校：《真诰》卷五《甄命授第一》，北京：中华书局，2011年，第85页。
2 此传虽成文较晚，但根据张勋燎先生的研究，其中包含了不少可以早到汉晋时期的观念，详见张勋燎：《重庆、甘肃和四川东汉墓出土的几种西王母天门图像材料与道教》，载张勋燎、白彬：《中国道教考古》，北京：线装书局，2006年，第789—796页。
3 （宋）张君房编：《云笈七签》卷一一四《西王母传》，第2527、2528页。

与东海蓬莱仙境结合,治于海中蓬莱仙山之上。此时很多文献中将蓬莱和昆仑对举,蓬莱为东王公所居,昆仑为西王母所处,是东西方两座重要的仙山。东王公与东海仙境的结合处于汉末魏晋时期,正是蓬莱神仙信仰再度复兴之际。东王公脱离西王母而独立,并与蓬莱神山结合,既推动了蓬莱神仙信仰的复兴,也促成东王公独立神格和地位的获取,二者相辅相成。

纵观图像和文献材料,东王公图像与信仰的发展演变,也正是蓬莱神仙信仰地位消长的表现[1],两者的变化大体是一致的。先秦文献中有关西王母的记载已经较为丰富,此时东王公尚未出现。西汉中期,蓬莱神仙信仰较为流行,东王公图像出现,但两者尚未完全结合。与昆仑西王母相比,蓬莱缺乏一个主神,渐渐走向没落。西汉末以来,以西王母为核心的昆仑神仙信仰成为社会主流,相关考古图像材料层出不穷,直到东汉中期以后,东王公图像再次出现,与西王母形成固定组合关系。东王公这次出现深受西王母影响,不仅在形象和图像组合上模仿西王母,而且在神格上也被纳入西王母升仙信仰体系,成为其镜像。因此东王公并没有独立的神格,而是附属于西王母信仰,与蓬莱信仰尚未发生联系。汉末魏晋时期,东王公从西王母信仰中独立出来,通过道教等力量的构建,与蓬莱的关系得到确立,成为蓬莱仙山的主要神祇,地位也得到了提高。有了主神的蓬莱神仙信仰,亦得到了较大的发展,有利于其再度兴起。

---

1 有关此问题的详细论述参看拙著:《秦汉时期蓬莱神仙信仰的考古学综合研究》,四川大学博士学位论文,2020年;拙文:《核心与边缘:山东汉代画像石椁中的"壶山垂钓"图像——也说东海神话与昆仑升仙信仰地位的此消彼长》,载中山大学艺术史研究中心编:《艺术史研究》(第26辑),广州:中山大学出版社,2021年,第25—39页。

本书的意义不仅在于讨论东王公图像和信仰,而且要通过东王公来反观西王母的变化及其与东王公之间的互动,深入下去就是东西两大神仙信仰的对比研究,这是本书的重要立意和希望努力的方向之一。

第七章　结　　语

综合以上讨论,现将本书主要论点总结如下。

凭借近年来考古资料的不断涌现,东王公图像的出现时间目前可上溯至西汉中期,与西王母图像大致同时期。西汉晚期至东汉早期,东王公图像几乎不见,而西王母图像出现在山东、河南等地区发现的画像石和壁画中,此间曾短暂出现西王母与羿(后羿)的图像组合。东汉中期早段,在山东、陕北和四川等地区短暂存在过一批东王公图像,表现形式尚未成熟,属于过渡时期的图像,其中在陕北地区发现的"仙人六博"式东王公图像具有一定的格套和数量,对本地区后世东王公形象的塑造产生影响。与成熟期相比,以上可看作是东王公图像与信仰发展演变的早期阶段,东王公并没有像西王母那般在汉代社会存在广泛的信仰基础,早期东王公亦非西王母的镜像,其图像表现与思想信仰呈现出地域性、阶层性等特点,与东海神话的交融已初现端倪,我们不可忽视早期东王公图像与信仰的自身传统,其对后世亦产生了深远影响。此后东王公图像进入发展成熟期,开始广泛地出现在山东、陕北和四川等地区发现的汉代遗存中,并且与西王母形成固定组合图像,在魏晋时期的南方地区和河西地区也依然流行。

各地区间的交流较为密切,山东和陕北地区之间的传播交流尤为突出。各主要流行区域形成了一定的表现模式和格套,如山东地区形成了嘉祥类型、滕州类型和临沂类型。其中东王公的侍从值得一提,除与西王母共享的侍从(如玉兔、蟾蜍、九尾狐、三足乌、羽人等)外,独有的侍从有鸡首人、马首人、犬首人、人首鸟身者、双首兽等,这种情况在其他地区基本没有发现。陕北和晋西北地区出现了较为特殊的"仙人六博"式东王公,大角鹿和龙作为固定的图像元素与东王公相伴出现。每种镜式中的东王公图像也均有各自较为固定的表现形式。

各地区间的差异还表现在东王公与西王母组合的关系上。山东地区祠堂画像中的东王公往往出现在东壁之上,与西壁的西王母相对,或是出现在墓门东立柱上,与西立柱的西王母相对,基本形成了东王公和西王母分别与东方和西方方位的固定组合,而在陕北和晋西北地区,这种观念却并不流行。陕北和晋西北地区经历了一段较为特殊的发展过程,公元1世纪末,陕北地区开始出现西王母,且为两个完全对称的西王母组合出现,此时尚未出现东王公;进入公元2世纪,"仙人六博"式东王公图像开始产生,但并未立即与西王母组合在一起,依然是两个西王母对应出现;稍后,"仙人六博"式东王公和西王母图像形成组合对应关系。而且整个东汉时期,东王公单独出现或是两个东王公相对出现的情况也有很多。

东王公一般表现为高大的戴冠男子形象,或肩生羽翼,或长有胡须。东王公佩戴三锋冠和通天冠是为了显示其与天帝有密切的关系,以此来表现其地位的尊贵。三段式神仙镜和重列式神兽镜中,东王公和西王母均位于中间一段,其上部和下部还有其他神祇,结合东王公常佩戴人间公侯所用的三梁进贤冠,可见东王公和西王母并不是地位最高的天神,而是地位较高的两位大神,可能如同人间的公侯。

通过对与东王公相关的考古、文献材料的全面梳理,本书对东王公与蓬莱神仙信仰的关系有了初步认识。尽管魏晋时期因道教等力量的构建,东王公与蓬莱信仰紧密联系在一起,但通过本书的分析可知,两汉时期东王公与蓬莱的联系尚未明确建立起来,成熟期的东王公基本是作为西王母的镜像出现的。先秦文献中有关西王母的记载已经较为丰富,此时东王公尚未出现。西汉中期,蓬莱神仙信仰较为流行,东王公图像出现,但两者的关联尚未明确。与昆仑西王母相比,蓬莱缺乏一个主神,这是其走向没落的重要因素之一。西汉末年以来,以西王母、昆仑为代表的神仙信仰成为社会主流,相关图像考古材料层出不穷,西王母图像已经较为成熟。直到东汉中期以后,东王公图像再次出现,且与西王母形成固定组合关系。这次出现深受西王母影响,东王公不仅在形象和图像组合上模仿西王母,而且在神格上也被纳入西王母升仙信仰体系,成为其翻版。因此东王公并没有独立的神格,而是附属于西王母信仰,与蓬莱信仰尚未发生联系。汉末魏晋时期,东王公从西王母信仰中独立出来,通过道教等力量的构建,与蓬莱的关系得到确立,成为蓬莱仙山的主要神仙,地位也得到了提高。有了主神的蓬莱神仙信仰,亦得到了较大的发展,利于其再度兴起,地位得到提升,二者相辅相成。

参 考 文 献

一、古籍文献

（汉）毛亨传，（汉）郑玄笺，（唐）孔颖达疏：《毛诗正义》，载《十三经注疏》整理委员会整理：《十三经注疏》，北京：北京大学出版社，1999 年。

（汉）毛亨传，（汉）郑玄笺，（唐）陆德明音义，孔祥军点校：《毛诗传笺》，北京：中华书局，2018 年。

（魏）何晏集解，（宋）邢昺疏：《论语注疏》，载（清）阮元校刻：《十三经注疏》，北京：中华书局，1980 年。

（晋）杜预注，（唐）孔颖达正义：《春秋左传正义》，载（清）阮元校刻：《十三经注疏》，北京：中华书局，1980 年。

（周）左丘明传，（晋）杜预注，（唐）孔颖达正义：《春秋左传正义》，载《十三经注疏》整理委员会整理：《十三经注疏》，北京：北京大学出版社，2000 年。

杨伯峻编著：《春秋左传注》（修订本），北京：中华书局，1990 年。

（汉）孔安国传，（唐）孔颖达正义：《尚书正义》，载（清）阮元校刻：《十三经注疏》，北京：中华书局，1980 年。

（汉）公羊寿传，（汉）何休解诂，（唐）徐彦疏：《春秋公羊传注疏》，载《十三经注疏》整理委员会整理：《十三经注疏》，北京：北京大学出版社，2000 年。

（汉）郑玄注，（唐）孔颖达正义：《礼记正义》，载《十三经注疏》整理委员会整理：《十三经注疏》，北京：北京大学出版社，2000 年。

（汉）郑玄注，（唐）贾公彦疏：《周礼注疏》，载《十三经注疏》整理委员会整理：《十三经注疏》，北京：北京大学出版社，2000 年。

（晋）郭璞注，（宋）邢昺疏：《尔雅注疏》，载《十三经注疏》整理委员会整理：《十三经注疏》，北京：北京大学出版社，2000 年。

（清）郭庆藩撰，王孝鱼点校：《庄子集释》，北京：中华书局，1961 年。

（清）王先谦撰：《荀子集解》，北京：中华书局，1988 年。

（清）王先慎撰，钟哲点校：《韩非子集解》，北京：中华书局，1998 年。

饶宗颐：《老子想尔注校证》，上海：上海古籍出版社，1991 年。

（战国）文子著，李定生、徐慧君校释：《文子校释》，上海：上海古籍出版社，2016 年。

袁珂校注：《山海经校注》，北京：北京联合出版公司，2014 年。

佚名撰,(晋) 郭璞注:《穆天子传》,载王根林、黄益元、曹光甫校点:《汉魏六朝笔记小说大观》,上海:上海古籍出版社,1999 年。

杨伯峻撰:《列子集释》,北京:中华书局,2013 年。

许维遹撰:《吕氏春秋集释》,北京:中华书局,2009 年。

(汉) 刘向集录,范祥雍笺证,范邦瑾协校:《战国策笺证》,上海:上海古籍出版社,2018 年。

苏舆撰,钟哲点校:《春秋繁露义证》,北京:中华书局,1992 年。

(汉) 司马迁撰,(刘宋) 裴骃集解,(唐) 司马贞索引,(唐) 张守节正义:《史记》,北京:中华书局,1959 年。

(汉) 韩婴撰,许维遹校释:《韩诗外传集释》,北京:中华书局,1980 年。

何宁撰:《淮南子集释》,北京:中华书局,1998 年。

(汉) 刘向撰,向宗鲁校证:《说苑校证》,北京:中华书局,1987 年。

(汉) 刘向撰,张涛译注:《列女传译注》,济南:山东大学出版社,1990 年。

王叔岷撰:《列仙传校笺》,北京:中华书局,2007 年。

(汉) 刘歆撰,(晋) 葛洪集,王根林校点:《西京杂记》,载王根林、黄益元、曹光甫校点:《汉魏六朝笔记小说大观》,上海:上海古籍出版社,1999 年。

(汉) 杨雄著,张震泽校注:《杨雄集校注》,上海:上海古籍出版社,1993 年。

汪荣宝撰,陈仲夫点校:《法言义疏》,北京:中华书局,1987 年。

张传官撰:《急就篇校理》,北京:中华书局,2017 年。

(旧题汉) 焦延寿撰,徐传武、胡真校点集注:《易林汇校集注》,上海:上海古籍出版社,2012 年。

(汉) 班固撰,(唐) 颜师古注:《汉书》,北京:中华书局,1962 年。

(汉) 许慎撰,(清) 段玉裁注:《说文解字注》,上海:上海古籍出版社,1981 年。

(汉) 刘熙撰,(清) 毕沅疏证,(清) 王先谦补,祝敏彻、孙玉文点校:《释名疏证补》,北京:中华书局,2008 年。

(汉) 桓谭撰,朱谦之校辑:《新辑本桓谭新论》,北京:中华书局,2009 年。

(汉) 蔡邕:《独断》,载王云五主编:《四部丛刊三编》,上海:商务印书馆,1936 年。

(汉) 王符著,(清) 汪继培笺,彭铎校正:《潜夫论校正》,北京:中华书局,1985 年。

王明编:《太平经合校》,北京:中华书局,1960 年。

(汉) 刘珍等撰,吴树平校注:《东观汉纪校注》,北京:中华书局,2008 年。

黄晖撰:《论衡校释》,北京:中华书局,1990 年。

(汉) 应劭撰,王利器校注:《风俗通义校注》,北京:中华书局,2010 年。

(汉) 赵晔撰,(元) 徐天祜音注,苗麓校点,辛正审定:《吴越春秋》,南京:江苏古籍出版,1999 年。

(清) 段玉裁撰:《说文解字注》,北京:中华书局,2013 年。

刘庆柱辑注:《三秦记辑注》,西安:三秦出版社,2006 年。

(清) 严可均辑,徐振生审订:《全上古三代秦汉三国六朝文·全后汉文》,北京:商务印书馆,1999 年。

(汉) 东方朔撰,(晋) 张华注,(明) 朱谋㙔校:《神异经》,载王根林、黄益元、曹光甫校点:《汉魏六朝笔记小说大观》,上海:上海古籍出版社,1999 年。

(汉) 东方朔撰,王根林校点:《海内十洲记》,载王根林、黄益元、曹光甫校点:《汉魏六朝笔记小说大观》,上海:上海古籍出版社,1999 年。

马继兴主编:《神农本草经辑注》,北京:人民卫生出版社,1995年。

章伟文译注:《周易参同契》,北京:中华书局,2014年。

周天游辑注:《八家后汉书辑注》,上海:上海古籍出版社,1986年。

陈直校证:《三辅黄图校证》,西安:陕西人民出版社,1980年。

何清谷校释:《三辅黄图校释》,北京:中华书局,2005年。

[日]安居香山、中村璋八辑:《纬书集成》,石家庄:河北人民出版社,1994年。

（清）王念孙撰,张靖伟等校点:《广雅疏证》,上海:上海古籍出版社,2016年。

（晋）葛洪撰,胡守为校释:《神仙传校释》,北京:中华书局,2010年。

聂恩彦校注:《郭弘农集校注》,太原:山西人民出版社,1991年。

王明撰:《抱朴子内篇校释》,北京:中华书局,1985年。

杨明照撰:《抱朴子外篇校笺》,北京:中华书局,1991年。

余嘉锡笺疏:《世说新语笺疏》,北京:中华书局,2007年。

（晋）常璩撰,任乃强校注:《华阳国志校补图注》,上海:上海古籍出版社,1987年。

（晋）皇甫谧撰:《高士传》,载王云五主编:《丛书集成初编》,上海:商务印书馆,1937年。

（晋）司马彪撰,（梁）刘昭注:《续汉书》,北京:中华书局,1965年。

（晋）陈寿撰,（刘宋）裴松之注:《三国志》,北京:中华书局,1959年。

（晋）崔豹撰,王根林校点:《古今注》,载王根林、黄益元、曹光甫校点:《汉魏六朝笔记小说大观》,上海:上海古籍出版社,1999年。

（晋）陆翙撰:《邺中记》,载王云五主编:《丛书集成初编》,上海:商务印书馆,1937年。

（晋）干宝撰,曹光甫校点:《搜神记》,载王根林、黄益元、曹光甫校点:《汉魏六朝笔记小说大观》,上海:上海古籍出版社,1999年。

（前秦）王嘉撰,（梁）萧绮录,王根林校点:《拾遗记》,载王根林、黄益元、曹光甫校点:《汉魏六朝笔记小说大观》,上海:上海古籍出版社,1999年。

（刘宋）范晔撰,（唐）李贤等注:《后汉书》,北京:中华书局,1965年。

（南朝梁）萧绎:《金楼子》,载王云五主编:《丛书集成初编》,上海:商务印书馆,1939年。

（南朝梁）萧子显撰:《南齐书》,北京:中华书局,1972年。

（晋）陆翙撰:《邺中记》,载王云五主编:《丛书集成初编》,上海:商务印书馆,1937年。

（晋）张华撰,（宋）周日用等注,王根林校点:《博物志》,载王根林、黄益元、曹光甫校点:《汉魏六朝笔记小说大观》,上海:上海古籍出版社,1999年。

（南朝梁）僧佑撰编,刘立夫、魏建、胡勇译注:《弘明集》,北京:中华书局,2013年。

（南朝梁）宗懔撰,（隋）杜公瞻注,姜彦稚辑校:《荆楚岁时记》,北京:中华书局,2018年。

（南朝梁）萧统编,（唐）李善注:《文选》,上海:上海古籍出版社,1986年。

（南朝梁）陶弘景撰,赵益点校:《真诰》,北京:中华书局,2011年。

（南朝梁）沈约撰:《宋书》,北京:中华书局,1974年。

（清）严可均辑,冯瑞生审订:《全上古三代秦汉三国六朝文·全梁文》,北京:商务印书馆,1999年。

（北魏）杨衒之著,杨勇校笺:《洛阳伽蓝记校笺》,北京:中华书局,2006年。

（北魏）郦道元著，陈桥驿校证：《水经注》，北京：中华书局，2007 年。

（北魏）崔鸿：《十六国春秋》，载（清）永瑢、纪昀纂修：《景印文渊阁四库全书》（第463 册），台北：台湾商务印书馆，1986 年。

（北魏）贾思勰著，缪启愉校释：《齐民要术校释》，北京：中国农业出版社，1998 年。

（北齐）魏收撰：《魏书》，北京：中华书局，1974 年。

逯钦立辑校：《先秦汉魏晋南北朝诗》，北京：中华书局，1988 年。

（隋）杜台卿撰：《玉烛宝典》，载王云五主编：《丛书集成初编》，上海：商务印书馆，1939 年。

（唐）吴兢撰：《乐府古题要解》，北京：中华书局，1991 年。

（唐）李延寿撰：《南史》，北京：中华书局，1975 年。

（唐）李百药撰：《北齐书》，北京：中华书局，1972 年。

（唐）房玄龄等撰：《晋书》，北京：中华书局，1974 年。

（唐）魏征等撰：《隋书》，北京：中华书局，1973 年。

（唐）欧阳询撰，汪绍楹校：《艺文类聚》，上海：上海古籍出版社，1982 年。

（唐）封演撰，赵贞信校注：《封氏闻见记校注》，北京：中华书局，2004 年。

（唐）杜佑撰，王文锦、王永兴、刘俊文、徐庭云、谢方点校：《通典》，北京：中华书局，1988 年。

中华书局编辑部点校：《全唐诗》（增订本），北京：中华书局，1999 年。

（唐）李延寿撰：《北史》，北京：中华书局，1974 年。

（唐）令狐德棻等撰：《周书》，北京：中华书局，1971 年。

（唐）段成式撰，许逸民校笺：《酉阳杂俎校笺》，北京：中华书局，2015 年。

（唐）徐坚等著：《初学记》，北京：中华书局，1962 年。

（唐）王勃著，蒋清翊注：《王子安集注》，上海：上海古籍出版社，1995 年。

（唐）韦述、杜宝撰，辛德勇辑校：《大业杂记辑校》，西安：三秦出版社，2006 年。

周绍良主编：《全唐文新编》，长春：吉林文史出版社，2000 年。

（宋）欧阳修、宋祁撰：《新唐书》，北京：中华书局，1975 年。

（宋）佚名：《炀帝海山记》，载王云五主编：《丛书集成初编》，北京：中华书局，1991 年。

（宋）计有功撰，王仲镛校笺：《唐诗纪事校笺》，北京：中华书局，2007 年。

（宋）李昉等编：《太平广记》，北京：中华书局，1961 年。

（宋）张君房编：《云笈七签》，北京：中华书局，2003 年。

（宋）李昉等撰：《太平御览》，北京：中华书局，1960 年。

（宋）洪兴祖撰：《楚辞补注》，北京：中华书局，1983 年。

（宋）徐兢撰：《宣和奉使高丽图经》，载王云五主编：《丛书集成初编》，上海：商务印书馆，1937 年。

（宋）吕大临、赵九成撰：《考古图·续考古图·考古图释文》，北京：中华书局，1987 年。

（宋）高承撰，（明）李果订，金园、徐沛藻点校：《事物纪原》，北京：中华书局，1989 年。

（宋）罗濬撰：《宝庆四明志》，载（清）永瑢、纪昀纂修：《景印文渊阁四库全书》（第487 册），台北：台湾商务印书馆，1986 年。

（宋）王观国撰，田瑞娟点校：《学林》，北京：中华书局，1988 年。

（宋）宋敏求撰，辛德勇、郎洁点校：《长安志》，西安：三秦出版社，2013 年。

（宋）陈彭年、丘雍等编：《宋本广韵》，北京：中国书店，1982 年。

赵振铎校：《集韵校本》，上海：上海辞书出版社，2012 年。

唐圭璋编：《全宋词》，北京：中华书局，1965 年。

唐圭璋编：《全金元词》，北京：中华书局，1979 年。

（金）元好问编：《中州集》，北京：中华书局，1959 年。

（元）脱脱等撰：《宋史》，北京：中华书局，1977 年。

（元）纳新撰：《河朔访古记》，载（清）永瑢、纪昀纂修：《景印文渊阁四库全书》（第 593 册），台北：台湾商务印书馆，1986 年。

（元）骆天骧撰，黄永年点校：《类编长安志》，西安：三秦出版社，2006 年。

（明）杨慎撰：《太史升庵文集》，载沈乃文主编：《明别集丛刊》（第二辑），合肥：黄山书社，2016 年。

（明）张自烈、（清）廖文英，董琨整理：《正字通》，北京：中国工人出版社，1996 年。

（明）曹学佺撰：《蜀中广记》，载（清）永瑢、纪昀纂修：《景印文渊阁四库全书》（第 592 册），台北：台湾商务印书馆，1986 年。

（清）刘体智主编：《小校经阁金石文字》，台北：大通书局，1979 年。

（清）顾嗣立编：《元诗选》（初集），北京：中华书局，1985 年。

（清）阮元编：《积古斋钟鼎彝器款识》，载王云五主编：《丛书集成初编》，上海：商务印书馆，1937 年。

（清）顾炎武著，华忱之点校：《顾亭林诗文集·亭林文集》，北京：中华书局，1983 年。

（清）毕沅、阮元撰：《山左金石志》，载新文丰出版公司编辑部编辑：《石刻史料新编》（第一辑），台北：新文丰出版股份有限公司，1982 年。

二、考古资料

（一）专著

安徽省文物考古研究所、巢湖市文物管理所编：《巢湖汉墓》，北京：文物出版社，2007 年。

安金槐主编：《中国陶瓷全集 2·夏商周春秋战国》，上海：上海人民美术出版社，2000 年。

安丘县文化局、安丘县博物馆编：《安丘董家庄汉画像石墓》，济南：济南出版社，1992 年。

蚌埠市博物馆编著：《蚌埠市博物馆铜镜集萃》，北京：文物出版社，2014 年。

北京鲁迅博物馆编：《鲁迅藏拓本全集·汉画像卷 II》，杭州：西泠印社出版社，2014 年。

成都文物考古研究院、泸州市博物馆：《四川泸州汉代画像石棺研究》，北京：文物出版社，2019 年。

程林泉、韩国河著：《长安汉镜》，西安：陕西人民出版社，2002 年。

崔忠清主编：《山东沂南汉墓画像石》，济南：齐鲁书社，2001 年。

大葆台汉墓发掘组编著：《北京大葆台汉墓》，北京：文物出版社，1989 年。

定州博物馆：《定州藏珍·精品卷》，北京：文物出版社，2017 年。

俄军、郑炳林、高国祥主编：《甘肃出土魏晋唐墓壁画》，兰州：甘肃大学出版社，2009 年。

丁堂华主编：《鄂州铜镜》，北京：中国文学出版社，2002 年。

傅天仇主编：《中国美术全集·雕塑编 2·秦汉雕塑》，北京：人民美术出版社，2006 年。

傅惜华、陈志农编，陈志农绘，陈沛蔵整理：《山东汉画像石汇编》，济南：山东画报出版社,2012年。

甘肃文物考古研究所编：《敦煌佛爷庙湾西晋画像砖墓》，北京：文物出版社,1998年。

高文、高成刚编著：《中国画像石棺艺术》，太原：山西人民出版社,1996年。

高文、王锦生编著：《中国巴蜀汉代画像砖大全》，澳门：国际港澳出版社,2002年。

高文编：《四川汉代画像砖》，上海：上海人民美术出版社,1987年。

高文编：《中国画像石棺全集》，太原：三晋出版社,2011年。

高文主编：《中国巴蜀新发现汉代画像砖》，成都：四川美术出版社,2016年。

龚廷万、龚玉、戴嘉陵编著：《巴蜀汉代画像集》，北京：文物出版社,1998年。

古方主编：《中国出土玉器全集1》，北京：科学出版社,2005年。

古方主编：《中国传世玉器全集2》，北京：科学出版社,2010年。

广西壮族自治区文物工作队、合浦县博物馆编著：《合浦风门岭汉墓——2003~2005年发掘报告》，北京：科学出版社,2006年。

广州市文物管理委员会、广州市博物馆编：《广州汉墓》，北京：文物出版社,1981年。

广州市文物管理委员会、中国社会科学院考古研究所、广东省博物馆编：《西汉南越王墓》，北京：文物出版社,1991年。

国家文物局主编：《中国文物精华大辞典·陶瓷卷》，上海：上海辞书出版社、香港：商务印书馆(香港)有限公司,1995年。

国家文物局主编：《中国文物地图集·陕西分册》，西安：西安地图出版社,1998年。

河北博物院编：《大汉绝唱：满城汉墓》，北京：文物出版社,2014年。

河北省文化局文物工作队编：《望都二号汉墓》，北京：文物出版社,1959年。

河南博物院编：《河南古代陶塑艺术》，郑州：大象出版社,2005年。

河南博物院编著：《河南出土汉代建筑明器》，郑州：大象出版社,2002年。

河南博物院编著：《河南古代陶塑艺术》，郑州：大象出版社,2005年。

河南省文物研究所编：《密县打虎亭汉墓》，北京：文物出版社,1993年。

胡新立著：《邹城汉画像石》，北京：文物出版社,2008年。

湖北省博物馆、鄂州市博物馆编：《鄂城汉三国六朝铜镜》，北京：文物出版社,1986年。

湖北省荆沙铁路考古队编：《包山楚墓》，北京：文物出版社,1991年。

湖南省博物馆、湖南省文物考古研究所编：《长沙马王堆二、三号汉墓——第一卷：田野考古发掘报告》，北京：文物出版社,2004年。

湖南省博物馆、中国科学院考古研究所、文物编辑委员会编：《长沙马王堆一号汉墓发掘简报》，北京：文物出版社,1972年。

湖南省博物馆、中国科学院考古研究所编：《长沙马王堆一号汉墓》，北京：文物出版社,1973年。

湖南省文物考古研究所编：《中国考古文物之美8·辉煌不朽汉珍宝——湖南长沙马王堆西汉墓》，北京：文物出版,1994年。

淮南市博物馆编著：《淮南市博物馆藏镜》，北京：文物出版社,2011年。

黄濬编：《尊古斋古镜集景》，上海：上海古籍出版社,1990年。

江西省文物考古研究所、首都博物馆：《五色炫曜——南昌汉代海昏侯国考古成果》，南昌：江西人民出版社,2016年。

蒋英炬、杨爱国、信立祥、吴文祺著：《孝堂山石祠》，北京：文物出版社,2017年。

康兰英、朱青生主编：《汉画总录6·绥德》，桂林：广西师范大学出版社,2012年。

康兰英、朱青生主编：《汉画总录2·米脂》，桂林：广西师范大学出版社,2012年。

李贵龙、王建勤主编：《绥德汉代画像石》，西安：陕西人民美术出版社，2001年。

李国新、杨絮飞著：《浙江画像砖品鉴》，郑州：大象出版社，2015年。

李国新著：《浙江省汉晋画像经典图像赏析》，郑州：河南大学出版社，2013年。

李林、康兰英、赵力光编著：《陕北汉代画像石》，西安：陕西人民出版社，1995年。

连云港博物馆编著：《连云港馆藏文物精萃》，北京：荣宝斋出版社，2006年。

辽宁省文物考古研究所编著：《姜女石：秦行宫遗址发掘报告》，北京：文物出版社，2010年。

林通雁编著：《中国陵墓雕塑全集3·东汉三国》，西安：陕西人民美术出版社，2009年。

临沂市博物馆：《临沂吴白庄汉画像石墓》，济南：齐鲁书社，2018年。

凌皆兵、王清建、牛天伟主编：《中国南阳汉画像石大全》，郑州：大象出版社，2015年。

刘云辉编著：《陕西出土汉代玉器》，北京：文物出版社，2009年。

洛阳市第二文物工作队、黄明兰、郭引强编著：《洛阳汉墓壁画》，北京：文物出版社，1996年。

洛阳市文物管理局、洛阳古代艺术博物馆编：《洛阳古代墓葬壁画》，郑州：中州古籍出版社，2010年。

马汉国主编：《微山汉画像石选集》，北京：文物出版社，2003年。

南京博物院、山东省文物管理处编著：《沂南古画像石墓发掘报告》，北京：文化部文物管理局，1956年。

南京博物院编：《长毋相忘：读盱眙大云山江都王陵》，南京：译林出版社，2013年。

南阳市文物考古研究所、武汉大学历史学院考古系编著：《南阳丰泰墓地》，北京：科学出版社，2011年。

南阳市文物考古研究所编著：《南阳一中战国秦汉墓》，北京：文物出版社，2012年。

南阳市文物考古研究所编：《南阳牛王庙汉墓考古发掘报告》，北京：文物出版社，2011年。

南阳文物研究所编：《南阳汉代画像砖》，北京：文物出版社，1990年。

南越王宫博物馆筹建处、广州市文物考古研究所编：《南越宫苑遗址：1995、1997年考古发掘报告》，北京：文物出版社，2008年。

齐鲁书社编：《汉王舍人碑》，济南：齐鲁书社，1986年。

任式楠、吴耀利主编，中国社会科学院考古研究所编：《中国考古学·新石器时代卷》，北京：中国社会科学出版社，2010年。

山东省文物考古研究所、临沂市文化广电新闻出版局编著：《临沂洗砚池晋墓》，北京：文物出版社，2016年。

山东省文物考古研究所编：《鲁中南汉墓》，北京：文物出版社，2009年。

《山东石刻分类全集》编辑委员会编著：《山东石刻分类全集6·汉代画像石1》，青岛：青岛出版社，2013年。

山西省考古研究所、山西博物院、首都博物馆编：《呦呦鹿鸣——燕国公主眼里的霸国》，北京：科学出版社，2014年。

山西省文物工作委员会编：《山西出土文物》，太原：山西省文物工作委员会出版，1980年。

陕西省考古研究所编著：《秦都咸阳考古报告》，北京：科学出版社，2004年。

陕西省考古研究院编著：《壁上丹青：陕西出土壁画集》，北京：科学出版社，2009年。

陕西省考古研究院编著：《西安北郊郑王村西汉墓》，西安：三秦出版社，2008年。

上海博物馆编：《晋国奇珍——山西晋侯墓群出土文物精品》，上海：上海人民美术出版社，2002年。

深圳市文物管理办公室、深圳市博物馆、深圳市文物考古鉴定所编：《青峰泉、三镜堂藏中国古代铜镜》，北京：文物出版社，2012年。

四川省文物考古研究院、德阳市文物考古研究所、什邡市博物馆编著：《什邡城关战国秦汉墓地》，北京：文物出版社，2006年。

四川省文物考古研究院、绵阳市博物馆、三台县文物管理所编：《三台郪江崖墓》，北京：文物出版社，2007年，第36页。

太原市文物考古研究所编：《晋阳古城》，北京：文物出版社，2005年。

王纲怀编著：《汉镜铭文图集》，上海：中西书局，2016年。

王纲怀编著：《三槐堂藏镜》，北京：文物出版社，2004年。

王纲怀编著：《中国纪年铜镜：两汉至六朝》，上海：上海古籍出版社，2015年。

王清建、朱青生主编：《汉画总录18·南阳》，桂林：广西师范大学出版社，2013年。

魏坚编著：《内蒙古中南部汉代墓葬》，北京：中国大百科全书出版社，1998年。

闻宥集撰：《四川汉代画像选集》，上海：群联出版社，1955年。

吴山编著，吴山、陆晔、陆原绘：《中国纹样全集·战国秦汉卷》，济南：山东美术出版社，2009年。

西安市文物保护考古所编：《长安汉墓》，西安：陕西人民出版社，2004年。

西安市文物保护考古所编著：《西安龙首原汉墓》，西安：西北大学出版社，1999年。

西汉南越王博物馆编：《西汉南越王博物馆珍品图录》，北京：文物出版社，2007年。

襄阳市博物馆、襄阳市文物考古研究所、谷城县博物馆编：《天国之享——襄阳南朝画像砖艺术》，北京：科学出版社，2016年。

徐光冀主编：《中国出土壁画全集》，北京：科学出版社，2012年。

雅安地区文物志编委会编著：《雅安地区文物志》，成都：巴蜀书社，1992年。

扬州博物馆、天长市博物馆编：《汉广陵国玉器》，北京：文物出版社，2003年。

扬州博物馆编：《汉广陵国漆器》，北京：文物出版社，2004年。

杨锡璋、高炜主编，中国社会科学院考古研究所编：《中国考古学·夏商卷》，北京：中国社会科学出版社，2003年。

仪征博物馆编著：《仪征出土汉代漆木器》，南京：江苏凤凰美术山版社，2015年。

榆林市文物保护研究所、榆林市文物考古勘探工作队编著：《米脂官庄画像石墓》，北京：文物出版社，2009年。

云南省文物考古研究所、昆明市博物馆、官渡区博物馆编著：《昆明羊甫头墓地》，北京：科学出版社，2005年。

张安治主编：《中国美术全集·绘画编1》，北京：人民美术出版社，2006年。

张道一、李星明编著：《中国陵墓雕塑全集4·两晋、南北朝》，西安：陕西人民美术出版社，2007年。

张得水主编：《中原文化大典·文物典·陶塑》，郑州：中州古籍出版社，2008年。

张晓军著：《南阳汉代陶塑》，郑州：中州古籍出版社，2004年。

张长寿、殷玮璋主编，中国社会科学院考古研究所编：《中国考古学·两周卷》，北京：中国社会科学出版社，2004年。

张正明、邵学海主编：《长江流域古代美术·史前至东汉·青铜器》，武汉：湖北教育出版社，2002年。

张孜江、高文主编:《中国汉阙全集》,北京:中国建筑工业出版社,2017年。

郑州博物馆编:《郑州博物馆文物精华》,郑州:中州古籍出版社,2009年。

中国国家博物馆编:《中国国家博物馆馆藏文物研究丛书·玉器卷》,上海:上海古籍出版社,2007年。

中国国家博物馆编:《中国国家博物馆馆藏文物研究丛书·陶俑卷》,上海:上海古籍出版社,2015年。

中国国家博物馆田野考古研究中心、南京博物院考古研究所、连云港市文物管理委员会办公室、连云港市博物馆著:《连云港孔望山》,北京:文物出版社,2010年。

中国画像石全集编辑委员会编:《中国画像石全集》,济南:山东美术出版社、郑州:河南美术出版社,2000年。

中国画像砖全集编辑委员会编:《中国画像砖全集·四川汉画像砖》,成都:四川美术出版社,2005年。

中国陵墓雕塑全集编辑委员会编:《中国陵墓雕塑全集2·西汉》,西安:陕西人民美术出版社,2009年。

中国美术全集编委会编:《中国美术全集·商周至秦汉书法》,北京:人民美术出版社,2014年。

中国美术全集编委会编:《中国美术全集·陶瓷》,北京:人民美术出版社,2014年。

中国墓室壁画全集编辑委员会编:《中国墓室壁画全集·汉魏晋南北朝》,石家庄:河北教育出版社,2011年。

中国漆器全集编辑委员会编:《中国漆器全集》,福州:福建美术出版社,1998年。

中国青铜器全集编辑委员会编:《中国青铜器全集》,北京:文物出版社,1998年。

中国社会科学院考古研究所编:《洛阳烧沟汉墓》,北京:科学出版社,1959年。

中国社会科学院考古研究所编著:《中国考古学·秦汉卷》,北京:中国社会科学出版社,2010年。

中国文房四宝全集编辑委员会编:《中国文房四宝全集2·砚》,北京:北京出版社,2007年。

中国音乐文物大系总编辑部编:《中国音乐文物大系Ⅱ》,郑州:大象出版社,2009年。

中国玉器全集编辑委员会编:《中国玉器全集4·秦·汉—南北朝》,石家庄:河北美术出版社,1993年。

重庆市博物馆编:《重庆市博物馆藏四川汉画像砖选集》,北京:文物出版,1957年。

重庆市文化局、重庆市博物馆著:《四川汉代石阙》,北京:文物出版社,1992年。

重庆市文物局、重庆市移民局编:《丰都关田沟》,北京:科学出版社,2016年。

周到、王景荃主编:《中原文化大典·文物典·画像砖》,郑州:中州古籍出版社,2008年。

朱伯谦主编:《中国陶瓷全集3·秦汉》,上海:上海人民美术出版社,2000年。

(二) 论文

北京市文物工作队:《北京平谷县西柏店和唐庄子汉墓发掘简报》,《考古》1962年第5期。

曹吟葵:《云南昭通县白泥井发现东汉墓》,《考古》1965年第2期。

陈应祺:《秦皇岛市北戴河秦代行宫遗址》,载中国考古学会编:《中国考古学年鉴(1987)》,北京:文物出版社,1988年。

成都市文物管理处:《四川成都曾家包东汉画像砖石墓》,《文物》1981年第10期。

成都市文物考古工作队、青白江区文物管理所：《成都市青白江区跃进村汉墓发掘简报》，《文物》1999年第8期。

成都市文物考古研究所：《成都市高新区勤俭村发现汉代砖室墓》，《四川文物》2004年第4期。

成都文物考古研究所、金堂县文物保护管理所：《金堂赵镇李家梁子唐宋墓发掘简报》，载成都文物考古研究所编著：《成都考古发现（2007）》，北京：科学出版社，2009年。

大理州文物管理所：《云南大理市下关城北东汉纪年墓》，《考古》1997年第4期。

戴应新、李仲煊：《陕西绥德县延家岔东汉画像石墓》，《考古》1983年第3期。

戴应新、魏遂志：《陕西绥德黄家塔东汉画像石墓群发掘简报》，《考古与文物》1988年第5、6期。

定县博物馆：《河北定县43号汉墓发掘简报》，《文物》1973年第11期。

杜葆仁、夏振英、呼林贵：《东汉司徒刘崎及其家族墓的清理》，《考古与文物》1986年第5期。

甘肃省博物馆：《酒泉、嘉峪关晋墓的发掘》，《文物》1979年第6期。

甘肃省博物馆：《武威雷台汉墓》，《考古学报》1974年第2期。

甘肃省文物管理委员会：《酒泉下河清第1号墓和第18号墓发掘简报》，《文物》1959年第10期。

甘肃省文物考古研究所、高台县博物馆：《甘肃高台县骆驼城墓葬的发掘》，《考古》2003年第6期。

广西壮族自治区文物考古写作小组：《广西合浦西汉木椁墓》，《考古》1972年第5期。

贵州省博物馆：《贵州清镇平壩汉墓发掘报告》，《考古学报》1959年第1期。

贵州省博物馆考古组、贵州省赫章县文化馆：《赫章可乐发掘报告》，《考古学报》1986年第2期。

贵州省考古研究所：《贵州兴仁交乐汉墓发掘报告》，载贵州省博物馆考古研究所编：《贵州田野考古四十年（1953～1993）》，贵阳：贵州民族出版社，1993年。

郭勇：《山西省右玉县出土的西汉铜器》，《文物》1963年第11期。

韩保全、程林泉：《西安北郊枣园汉墓发掘简报》，《考古与文物》1991年第4期。

汉中市博物馆何新成：《陕西汉中市铺镇砖厂汉墓清理简报》，《考古与文物》1989年第6期。

河北省文物研究所、秦皇岛市文物管理处、北戴河区文物保管所：《金山嘴秦代建筑遗址发掘报告》，《文物春秋》1992年增刊。

河北省文物研究所：《河北阳原县北关汉墓发掘简报》，《考古》1990年第4期。

河南省博物馆：《灵宝张湾汉墓》，《文物》1975年第11期。

河南省文化局文物工作队：《河南荥阳河王水库汉墓》，《文物》1960年第5期。

河南省文化局文物工作队：《洛阳西汉壁画墓发掘报告》，《考古学报》1964年第2期。

河南省文物考古研究所：《河南济源市桐花沟十号汉墓》，《考古》2002年第2期。

河南省文物研究所：《密县后士郭汉画像石墓发掘报告》，《华夏考古》1987年第2期。

河南省偃师县文物管理委员会：《偃师县南蔡庄乡汉肥致墓发掘简报》，《文物》1992年第9期。

贺官保：《洛阳老城西北郊81号汉墓》，《考古》1964年第8期。

黑龙江省博物馆、齐齐哈尔市文管站：《齐齐哈尔市大道三家子墓葬清理》，《考古》

1988 年第 12 期。

湖南省博物馆、益阳县文化馆：《湖南益阳战国两汉墓》，《考古学报》1981 年第 4 期。

湖南省博物馆：《湖南资兴东汉墓》，《考古学报》1984 年第 1 期。

湖南省博物馆：《新发现的长沙战国楚墓帛画》，《文物》1973 年第 7 期。

湖南省博物馆：《长沙砂子塘西汉墓发掘简报》，《文物》1963 年第 2 期。

湖南省博物馆：《长沙汤家岭西汉墓清理报告》，《考古》1966 年第 4 期。

湖南省文物考古研究所、永州市芝山区文物管理所：《湖南永州市鹞子岭二号西汉墓》，《考古》2001 年第 4 期。

黄河水库考古工作队：《河南陕县刘家渠汉墓》，《考古学报》1965 年第 1 期。

济南市博物馆：《试谈济南无影山出土的西汉乐舞、杂技、宴饮陶俑》，《文物》1972 年第 5 期。

江苏泗阳三庄联合考古队：《江苏泗阳陈墩汉墓》，《文物》2007 年第 7 期。

江西省文物工作队、南昌市博物馆：《南昌市京家山汉墓》，《考古》1989 年第 8 期。

江西省文物工作队：《江西南城明益宣王朱翊𬭎夫妇合葬墓》，《文物》1982 年第 8 期。

江西省文物考古研究所、南昌市博物馆、南昌市新建区博物馆：《南昌市西汉海昏侯墓》，《考古》2016 年第 7 期。

江西省文物考古研究所、南昌市博物馆：《南昌火车站东晋墓葬群发掘简报》，《文物》2001 年第 2 期。

江西省文物考古研究院、北京师范大学：《江西南昌西汉海昏侯刘贺墓出土漆木器》，《文物》2018 年第 11 期。

金雀山考古发掘队：《临沂金雀山 1997 年发现的四座西汉墓》，《文物》1998 年第 12 期。

雷建金：《内江市关升店东汉崖墓画像石棺》，《四川文物》1992 年 3 期。

李国灿：《东汉青铜天鸡羽人炉》，《中原文物》1983 年第 1 期。

李加锋：《双流华阳乡沙河村崖墓发掘简报》，《四川文物》1991 年第 6 期。

李银德、孟强：《试论徐州出土西汉早期人物画像镜》，《文物》1997 年第 2 期。

连云港市博物馆：《江苏连云港海州西汉墓发掘简报》，《文物》2012 年第 3 期。

临沂金雀山汉墓发掘组：《山东临沂金雀山九号汉墓发掘简报》，《文物》1977 年第 11 期。

临沂市博物馆：《山东临沂金雀山周氏墓群发掘简报》，《文物》1984 年第 11 期。

零陵地区文物工作队：《湖南永州市鹞子山汉"刘疆"墓》，《考古》1990 年第 11 期。

刘云涛：《山东莒县东莞出土汉画像石》，《文物》2005 年第 3 期。

刘志远：《成都天迴山崖墓清理记》，《考古学报》1958 年第 1 期。

刘志远：《成都昭觉寺汉画像砖墓》，《考古》1984 年第 1 期。

罗伟先：《对长宁"七个洞"石刻画中两种符号的试释》，《考古与文物》1986 年第 3 期。

罗伟先：《长宁"七个洞"崖墓"社稷""玄武"神符的有关问题》，《四川文物》1989 年第 2 期。

洛阳博物馆：《洛阳金谷园新莽时期壁画墓》，载文物编辑委员会编：《文物资料丛刊 9》，北京：文物出版社，1985 年。

洛阳博物馆：《洛阳西汉卜千秋壁画墓发掘简报》，《文物》1977 年第 6 期。

洛阳市文物工作队：《洛阳北郊 C8M574 西汉墓发掘简报》，《考古与文物》2002 年第 5 期。

洛阳市文物工作队：《洛阳李屯东汉元嘉二年墓发掘简报》，《考古与文物》1997 年第

2 期。

何志国:《四川绵阳何家山 2 号东汉崖墓清理简报》,《文物》1991 年第 3 期。

南京博物院、盱眙县文广新局:《江苏盱眙县大云山西汉江都王陵一号墓》,《考古》2013 年第 10 期。

南京博物院:《江苏连云港市海州网疃庄汉木椁墓》,《考古》1963 年第 6 期。

南京博物院:《徐州青山泉白集东汉画象石墓》,《考古》1981 年第 2 期。

南京市博物馆:《江苏南京仙鹤观东晋墓》,《文物》2001 年第 3 期。

南阳博物馆:《河南南阳县英庄汉画像石墓》,《文物》1984 年第 3 期。

平朔考古队:《山西朔县秦汉墓发掘简报》,《文物》1987 年第 6 期。

青岛市文物保护考古研究所、黄岛区博物馆:《山东青岛市土山屯墓地的两座汉墓》,《考古》2017 年第 10 期。

三门峡市文物工作队:《三门峡市刘家渠汉墓的发掘》,《华夏考古》1994 年第 1 期。

山东省博物馆、临沂文物组:《临沂银雀山四座西汉墓葬》,《考古》1975 年第 6 期。

山东省文物管理委员会:《济南大观园的一个汉墓》,《考古通讯》1955 年第 4 期。

山东省文物考古研究所:《山东日照海曲西汉墓(M106)发掘简报》,《文物》2010 年第 1 期。

山西省考古研究所、吕梁地区文物管理处、离石县文物管理所:《山西离石再次发现东汉画像石墓》,《文物》1996 年第 4 期。

山西省文物工作委员会、雁北行政公署文化局、大同市博物馆:《山西浑源毕村西汉木椁墓》,《文物》1980 年第 6 期。

陕西省博物馆、陕西省文管会写作小组:《米脂东汉画象石墓发掘简报》,《文物》1972 年第 3 期。

陕西省考古研究院、宝鸡市文物考古研究所、凤翔县博物馆:《陕西凤翔西白村秦汉墓葬发掘简报》,《文博》2010 年第 4 期。

陕西省考古研究院:《西安北郊井上村西汉 M24 发掘简报》,《考古与文物》2012 年第 6 期。

沈天鹰:《洛阳出土一批汉代壁画空心砖》,《文物》2005 年第 3 期。

四川大学考古专业七八级实习队、长宁县文化馆:《四川长宁"七个洞"东汉纪年画像崖墓》,《考古与文物》1985 年第 5 期。

四川乐山市文管所:《四川乐山市中区大湾嘴崖墓清理简报》,《考古》1991 年第 1 期。

四川凉山彝族自治州博物馆:《四川西昌市杨家山一号东汉墓》,《考古》2007 年第 5 期。

四川省博物馆、新都县文管所:《新都县马家山崖墓发掘简报》,载文物编辑委员会编:《文物资料丛刊 9》,北京:文物出版社,1985 年。

四川省文物管理委员会、四川省文物考古研究所、四川省雅安地区文物管理所:《雅安沙溪遗址发掘及调查报告》,载四川大学博物馆、中国古代铜鼓研究学会编:《南方民族考古》(第三辑),成都:四川科学技术出版社,1991 年。

四川省文物管理委员会:《成都羊子山第 172 号墓发掘报告》,《考古学报》1956 年第 4 期。

四川省文物管理委员会:《四川新繁清白乡东汉画像砖墓清理简报》,《文物参考资料》1956 年第 6 期。

四川省文物管理委员会陈显双、开县图书馆朱世鸿:《四川开县红华村崖墓清理简报》，《考古与文物》1989 年第 1 期。

孙传贤、张静安：《介绍一件东汉晚期的陶水榭》，《文物》1966 年第 3 期。

孙善德：《四件出土玉器》，《青岛日报》1981 年 11 月 9 日。

天长市文物管理所、天长市博物馆：《安徽天长西汉墓发掘简报》，《文物》2006 年第
　11 期。

王步艺：《芜湖赭山古墓清理简报》，《文物参考资料》1956 年第 12 期。

王桂枝：《汉降龙博山炉》，《文博》1986 年第 2 期。

王意乐、徐长青、杨军、管理：《海昏侯刘贺墓出土孔子衣镜》，《南方文物》2016 年第
　3 期。

微山县文物管理所：《山东微山县近年出土的汉画像石》，《考古》2006 年第 2 期。

卫斯：《平陆县征集到一件西汉釉陶"池中望楼"》，《文物》1985 年第 1 期。

西安市文物保护考古所：《西安南郊潘家庄 169 号东汉墓发掘简报》，《文物》2008 年
　第 6 期。

咸阳地区文管会、茂陵博物馆：《陕西茂陵一号无名冢一号从葬坑的发掘》，《文物》
　1982 年第 9 期。

咸阳市博物馆：《陕西咸阳马泉西汉墓》，《考古》1979 年第 2 期。

湘乡县博物馆：《湘乡西郊发现东汉墓》，《考古》1965 年第 12 期。

谢荔、徐利红：《四川合江县东汉砖室墓清理简报》，《文物》1992 第 4 期。

新都县文物管理所：《新都马家山 22 号墓清理简报》，《四川文物》1984 年第 4 期。

徐进、张蕴：《西安南郊曲江池唐墓清理简报》，《考古与文物》1987 年第 6 期。

徐鹏章：《成都站东乡汉墓清理记》，《考古通讯》1956 年第 1 期。

徐州市博物馆、沛县文化馆：《江苏沛县栖山汉画像石墓清理简报》，载考古编辑部编：
　《考古学集刊2》，北京：中国社会科学出版社，1982 年。

烟台市博物馆：《烟台市芝罘岛发现一批文物》，《文物》1976 年第 8 期。

扬州博物馆：《江苏邗江姚庄 101 号西汉墓》，《文物》1988 年第 2 期。

叶小燕：《河南陕县刘家渠汉墓》，《考古学报》1965 年第 1 期。

仪征市博物馆：《江苏仪征联营三座西汉墓的发掘》，《中国国家博物馆馆刊》2017 年
　第 8 期。

仪征市博物馆：《江苏仪征刘集联营 1—4 号西汉墓发掘简报》，《东南文化》2017 年
　4 期。

仪征市博物馆：《仪征新集螃蟹地七号汉墓发掘简报》，《东南文化》2009 年第 4 期。

荥经严道古城遗址博物馆：《四川荥经南罗坝村战国墓》，《考古学报》1994 年第 3 期。

于豪亮：《记成都杨子山一号墓》，《文物参考资料》1955 年第 9 期。

榆林地区文管会、绥德县博物馆：《陕西绥德县四十里铺画像石墓调查简报》，《考古与
　文物》2002 年第 3 期。

云南省博物馆、王桂蓉：《禄丰汉代砖室墓清理简报》，载文物编辑委员会编：《文物资
　料丛刊9》，北京：文物出版社，1985 年。

云南省博物馆文物工作队：《云南呈贡七步场东汉墓》，《考古》1982 年第 1 期。

云南省文物考古研究所、昭通市文物管理所、水富县文化馆：《昭通水富县楼坝崖墓发
　掘报告》，载云南省文物考古研究所编：《云南考古报告集(之二)》，昆明：云南科技
　出版社，2006 年。

张东辉：《甘肃省博物馆收藏的几件青铜器》，《文物》1990 年第 4 期。

张国维:《山西新绛县发现汉代陶楼》,《考古》1987年第10期。

长江流域第二期文物考古工作人员培训班:《湖北江陵凤凰山西汉墓发掘简报》,《文物》1974年第6期。

长沙市文物考古研究所、望城县文物管理局:《湖南望城凤篷岭汉墓发掘简报》,《文物》2007年第12期。

长沙市文物考古研究所:《湖南长沙窑圹山汉墓发掘简报》,载湖南省文物考古研究所编:《湖南考古辑刊9》,长沙:岳麓书社,2011年。

昭通地区文物管理所:《云南昭通市鸡窝院子汉墓》,《考古》1986年第11期。

浙江省文物管理委员会、浙江省文物考古所、绍兴地区文化局、绍兴市文管会:《绍兴306号战国墓发掘简报》,《文物》1984年第1期。

镇江博物馆:《镇江东晋墓》,载文物编辑委员会编:《文物资料丛刊8》,北京:文物出版社,1983年。

中国社会科学院考古研究所、河北省文物管理处编:《满城汉墓发掘报告》,北京:文物出版社,1980年。

重庆市博物馆、合川市文物保护管理所:《重庆合川市南屏东汉墓葬群发掘简报》,《华夏考古》2000年第2期。

周崇云:《安徽霍邱徐台汉墓发掘报告》,《东南文化》2009年第4期。

邹城市文物管理局:《山东邹城市卧虎山汉画像石墓》,《考古》1999年第6期。

邹城市文物局:《山东邹城峄山北龙河宋金墓发掘简报》,《文物》2017年第1期。

三、近现代学者论著

(一) 专著、学位论文

[日] 白川静著,王孝廉译:《中国神话》,台北:长安出版社,1983年。

陈芳:《〈西京杂记〉新探》,武汉大学硕士学位论文,2017年。

陈刚:《唐前蓬莱神话流变考》,华中师范大学博士学位论文,2011年。

陈锽:《超越生命——中国古代帛画综论》,杭州:中国美术学院出版社,2012年。

陈锽:《中国帛画——发现与研究》,中国美术学院博士学位论文,2002年。

陈履生:《神画主神研究》,北京:紫禁城出版社,1987年。

陈长虹:《汉魏六朝列女图像研究》,北京:科学出版社,2016年。

褚亚龙:《河南汉代陶楼考古学研究》,西北大学硕士学位论文,2012年。

丁山:《古代神话与民族》,北京:商务印书馆,2006年。

丁山:《中国古代宗教与神话考》,上海:龙门联合书局,1961年。

冯时:《中国天文考古学》,北京:中国社会科学出版社,2010年。

高莉芬:《蓬莱神话——神山、海洋与洲岛的神圣叙事》,西安:陕西师范大学出版总社有限公司,2013年。

葛兆光:《中国思想史》,上海:复旦大学出版社,2001年。

顾颉刚:《古史辨自序》,石家庄:河北教育出版社,2000年。

顾颉刚:《秦汉的方士与儒生》,北京:北京出版社,2012年。

管维良:《中国铜镜史》,北京:群言出版社,2013年。

何志国:《汉魏摇钱树初步研究》,北京:科学出版社,2007年。

贺西林:《古墓丹青:汉代墓室壁画的发现与研究》,西安:陕西人民美术出版社,

2001 年。

胡厚宣:《甲骨学商史论丛初集》,石家庄:河北教育出版社,2002 年。

湖南省博物馆编,喻燕姣主编:《湖南出土珠饰研究》,长沙:湖南人民出版社,2018 年。

黄晓芬:《汉墓的考古学研究》,长沙:岳麓书社,2003 年。

惠夕平:《两汉博山炉研究》,山东大学硕士学位论文,2008 年。

霍巍:《西南考古与中华文明》,成都:巴蜀书社,2011 年。

姜生:《汉帝国的遗产:汉鬼考》,北京:科学出版社,2016 年。

孔祥星、刘一曼:《中国铜镜图典》,北京:文物出版社,1992 年。

赖非:《齐鲁碑刻墓志研究》,济南:齐鲁书社,2004 年。

李发林:《汉画考释和研究》,北京:中国文联出版社,2000 年。

李思思:《汉代建筑明器研究》,中央美术学院硕士学位论文,2012 年。

李凇:《论汉代艺术中的西王母图像》,长沙:湖南教育出版社,2000 年。

李学勤:《走出疑古时代》,长春:长春出版社,2007 年。

[英]李约瑟著,陈立夫主译:《中国之科学与文明》(第 14 册),台北:台湾商务印书馆,1982 年。

梁思成:《中国建筑史》,北京:生活·读书·新知三联书店,2011 年。

林梅村:《古道西风:考古新发现所见中西文化交流》,北京:生活·读书·新知三联书店,2000 年。

刘聪:《大甸子墓地彩绘陶器纹饰研究》,吉林大学硕士学位论文,2015 年。

刘庆柱、李毓芳:《汉长安城》,北京:文物出版社,2003 年。

刘晓达:《王者无外天下一家:美术史视野中秦皇汉武时代"天下"观》,北京:文物出版社,2018 年。

刘屹:《敬天与崇道:中古经教道教形成的思想史背景》,北京:中华书局,2005 年。

刘屹:《神格与地域:汉唐间道教信仰世界研究》,上海:上海人民出版社,2011 年。

刘雨茂:《汉画像石馆及其神仙信仰研究》,山东大学博士学位论文,2012 年。

罗二虎:《汉代画像石棺》,成都:巴蜀书社,2002 年。

罗竹风主编:《汉语大词典》,上海:上海辞书出版社,2008 年。

吕凯:《鲁中南地区汉代石椁墓初步研究》,山东大学硕士学位论文,2011 年。

马昌仪:《魂兮归来:中国灵魂信仰考察》,北京:中国社会科学出版社,2017 年。

孟乃昌:《周易参同契考辨》,上海:上海古籍出版社,1993 年。

缪哲:《汉代艺术中外来母题举例——以画像石为中心》,南京师范大学博士学位论文,2007 年。

鹏宇:《两汉镜铭文字整理与考释》,复旦大学博士学位论文,2013 年。

蒲慕州:《追寻一己之福:中国古代的信仰世界》,上海:上海古籍出版社,2007 年。

卿希泰主编:《中国道教史》成都:四川人民出版社,1996 年。

清华大学汉镜文化研究课题组:《汉镜文化研究》,北京:北京大学出版社,2014 年。

邱龙升:《两汉镜铭文字研究》,北京:中国社会科学出版社,2012 年。

任继愈主编:《中国道教史》,上海:上海人民出版社,1990 年。

孙机:《汉代物质文化资料图说》(增订本),上海:上海古籍出版社,2011 年。

孙机:《仰观集——古文物的欣赏与鉴别》,北京:文物出版社,2012 年。

谭其骧主编:《中国历史地图集》,北京:中国地图出版社,1996 年。

汤一介:《汤一介集》卷三《早期中国道教史》,北京:中国人民大学出版社,2014 年。

陶思炎：《风俗探幽》，南京：东南大学出版社，1995年。

田天：《秦汉国家祭祀史稿》，北京：生活·读书·新知三联书店，2015年。

汪菊渊：《中国古代园林史》，北京：中国建筑工业出版社，2006年。

王龙：《山东地区汉代博山炉研究》，山东大学硕士学位论文，2013年。

王睿：《"八主"祭祀研究》，北京大学博士学位论文，2007年。

王绣、霍宏伟：《洛阳两汉彩画》，北京：文物出版社，2015年。

王煜：《昆仑、天门、西王母与天神——汉晋升仙信仰体系的考古学综合研究》，四川大学博士学位论文，2013年。

王子今：《东方海王——秦汉时期齐人的海洋开发》，北京：中国社会科学出版社，2015年。

王子今：《秦汉名物丛考》，北京：东方出版社，2016年。

王子今：《睡虎地秦简〈日书〉甲种疏证》，武汉：湖北教育出版社，2003年。

韦希：《〈西京杂记〉研究》，山东大学硕士学位论文，2017年。

［美］巫鸿著，柳扬、岑河译：《武梁祠：中国古代画像艺术的思想性》，北京：生活·读书·新知三联书店，2006年。

［美］巫鸿著，梅玫等译：《时空中的美术》，北京：生活·读书·新知三联书店，2009年。

［美］巫鸿著，施杰译：《黄泉下的美术：宏观中国古代墓葬》，北京：生活·读书·新知三联书店，2010年。

［美］巫鸿著，郑岩、王睿编：《礼仪中的美术：巫鸿中国古代美术史文编》，北京：生活·读书·新知三联书店，2005年。

吴佩英：《陕北东汉画像石研究》，上海大学博士学位论文，2013年。

武玮：《黄河中下游地区汉至西晋模型明器研究》，郑州大学博士学位论文，2012年。

萧登福：《扶桑太帝东王公信仰研究》，台北：新文丰出版股份有限公司，2009年。

［日］小南一郎著，孙昌武译：《中国的神话传说与古小说》，北京：中华书局，1993年。

辛德勇：《海昏侯刘贺》，北京：生活·读书·新知三联书店，2016年。

信立祥：《汉代画像石综合研究》，北京：文物出版社，2000年。

邢义田：《画为心声：画像石、画像砖与壁画》，北京：中华书局，2011年。

邢义田：《天下一家：皇帝、官僚与社会》，北京：中华书局，2011年。

徐尚：《战国秦汉中原空心砖墓研究》，南京大学硕士学位论文，2019年。

许地山：《道教史》，北京：商务印书馆，2015年。

严耕望：《严耕望史学论文集》，上海：上海古籍出版社，2009年。

严耕望：《严耕望史学论文选集》，北京：中华书局，2006年。

杨泓、孙机：《寻常的精致》，沈阳：辽宁教育出版社，1996年。

杨泓、郑岩：《中国美术考古学概论》，北京：中国社会科学出版社，2008年。

杨晨曦：《汉画像石东王公图像研究》，山东大学硕士学位论文，2021年。

姚文娟：《鲁南苏皖地区汉代木椁墓研究》，吉林大学硕士学位论文，2014年。

叶峻榛：《中国传统装饰菱形纹研究》，陕西师范大学硕士学位论文，2012年。

余英时著，何俊编，侯旭东等译：《东汉生死观》，上海：上海古籍出版社，2005年。

张富泉：《论东王公、西王母图像的流变及特征》，暨南大学硕士学位论文，2012年。

［美］张光直著，郭净译：《美术、神话与祭祀》，北京：生活·读书·新知三联书店，2013年。

张勋燎、白彬：《中国道教考古》，北京：线装书局，2006年。

赵德云：《西周至汉晋时期中国外来珠饰研究》，北京：科学出版社，2016年。

赵匡华、周嘉华：《中国科学技术史·化学卷》，北京：科学出版社，1998年。

郑岩：《魏晋南北朝壁画墓研究》（增订版），北京：文物出版社，2016年。

郑张尚芳：《上古音系》，上海：上海教育出版社，2003年。

周克林：《东汉六朝钱树研究》，成都：巴蜀书社，2012年。

周维权：《中国古典园林史》（第二版），北京：清华大学出版社，1999年。

（二）论文

安志敏：《长沙新发现的西汉帛画试探》，《考古》1973年第1期。

边琦：《文物瑰宝——彩绘负壶陶鸠》，《山东档案》2013年第1期。

常勇、李同：《秦始皇陵中埋藏汞的初步研究》，《考古》1983年第7期。

陈锽：《帛研究新十年述评》，《江汉考古》2013年第1期。

陈江风：《汉画中的玉璧与丧葬观念》，《中原文物》1994年第4期。

陈立柱：《巢湖放王岗一号汉墓主人吕柯即扬州刺史柯》，《巢湖学院学报》2016年第4期。

陈梦家：《古文字中之商周祭祀》，《燕京学报》（第19期），1936年。

陈松长：《连云港海州双龙汉墓出土汉代漆尺彩绘图像解读》，载中国汉画学会、四川博物院编：《中国汉画学会第十二届年会论文集》，香港：中国国际文化出版社，2010年。

陈寅恪：《天师道与滨海地域之关系》，载氏著：《金明馆丛稿初编》，北京：生活·读书·新知三联书店，2001年。

陈长虹：《纺织题材图像与妇功——汉代列女图像考之一》，《考古与文物》2014年第1期。

董雪迎：《陕北地区汉画像石中的博山炉图像初探》，《文物世界》2014年第3期。

方笑天：《似与不似之间——河西魏晋壁画墓中的"伯牙弹琴"与"李广射虎"》，《美术观察》2018年第1期。

冯汉骥：《四川的画像砖墓及画像砖》，《文物》1961年第11期。

高崇文：《非衣乎？铭旌乎？——论马王堆汉墓T形帛画的名称、功用与寓意》，《中原文化研究》2019年第3期。

高莉芬：《垂直与水平：汉代画像石中的神山图像》，《兴大中文学报》2008年第23期增刊。

高文、高成英：《四川出土的十一具汉代画像石棺图释》，《四川文物》1988年第3期。

高文萍：《汉代铜镜中的东王公图像研究》，载中国汉画学会、四川博物院编：《中国汉画学会第十二届年会论文集》，香港：中国国际文化出版社，2010年。

顾颉刚：《〈庄子〉和〈楚辞〉中昆仑和蓬莱两个神话系统的融合》，载朱东润、李俊民、罗竹风主编：《中华文史论丛》（总第十辑），上海：上海古籍出版社，1979年。

顾铁符、唐兰、俞伟超、常书鸿、吴作人：《座谈长沙马王堆一号汉墓·关于帛画》，《文物》1972年第9期。

顾铁符：《西安附近所见的西汉石雕艺术》，《文物参考资料》1955年第11期。

顾问、张松林：《花地嘴遗址所出"新砦期"朱砂绘陶瓷研究》，《中国历史文物》2006年第1期。

管维良：《汉魏六朝铜镜中神兽图像及有关铭文考释》，《江汉考古》1983年第3期。

管玉春：《试论南京六朝陵墓石刻艺术》，《文物》1981年第8期。

郭沫若：《洛阳汉墓壁画试探》，《考古学报》1964年第2期。

郭晓川：《苏鲁豫皖区汉画像视觉形式演变的分期研究》，《考古学报》1997年第2期。

韩吉绍：《〈三十六水法〉新证》，《自然科学史研究》2007年第4期。

韩吉绍：《论西汉的炼丹术》，《自然科学史研究》2009年第3期。

何德章、马力群：《两汉时代的弘农杨氏》，载武汉大学中国三至九世纪研究所编：《魏晋南北朝隋唐史资料》（第二十二辑），武汉：武汉大学文科学报编辑部，2005年。

贺西林：《从长沙楚墓帛画到马王堆一号汉墓漆棺画与帛画——早期中国墓葬绘画的图像理路》，载中山大学艺术史研究中心编：《艺术史研究》（第5辑），广州：中山大学出版社，2003年。

胡常春：《考古发现的东汉时期"天帝使者"与"持节使者"》，《考古与文物》2011年第5期。

胡成芳：《济源泗涧沟出土"百花灯"新解》，《中原文物》2007年第4期。

胡新立：《邹城新发现汉安元年文通祠堂题记及图像释读》，《文物》2017年第1期。

华玉冰：《试论秦始皇东巡的"碣石"与"碣石宫"》，《考古》1997年第10期。

黄展岳：《肥致碑及相关问题》，《考古》2012年第5期。

霍巍：《胡人俑、有翼神兽、西王母图像的考察》，载霍巍、赵德云：《战国秦汉时期中国西南的对外文化交流》，成都：巴蜀书社，2007年。

霍巍：《阙分幽明：再论汉代画像中的门阙与"天门"》，载巫鸿、朱青生、郑岩主编：《古代墓葬美术研究》（第四辑），长沙：湖南美术出版社，2017年。

姜生、种法义：《汉画像石所见的子路与西王母组合模式》，《考古》2014年第2期。

姜生：《马王堆帛画与汉初"道者"的信仰》，《中国社会科学》2014年第12期。

姜生：《汉代神祇考》，《江西社会科学》2015年第1期。

姜世碧：《成都出土铜鸟考》，《成都文物》1998年第3期。

蒋建荣、潘付生、薛方、魏书亚：《洛阳汉墓出土仙药的科技研究》，《中国科技史杂志》2019年第2期。

［英］杰西卡·罗森著，邓菲等译：《中国的博山炉——由来、影响及其含义》，载氏著：《祖先与永恒：杰西卡·罗森中国考古艺术文集》，北京：生活·读书·新知三联书店，2017年。

金景芳：《关于长沙马王堆一号汉墓帛画的名称问题》，《社会科学战线》1978年创刊号。

康群：《渝关考辨》，《辽海文物学刊》1988年第2期。

黎石生：《湖南望城凤蓬岭一号汉墓的年代与墓主》，《故宫博物院院刊》2009年第1期。

李炳海：《昆仑、蓬莱神话同源于东夷考》，《东岳论坛》1991年第1期。

李炳海：《以蓬莱之仙境化昆仑之神乡——中国古代两大神话系统的早期融合》，《东岳论丛》2004年第4期。

李东峰、杨文艳：《汉代西王母与东王公神话的历史考察》，《宝鸡文理学院学报（社会科学版）》2007年第2期。

李锋：《重庆忠县邓家沱石阙的初步认识》，《文物》2007年第1期。

李光：《安丘汉画像石墓主人考》，《文史哲》1983年第3期。

李锦山：《西王母题材画像石及其相关问题》，《中原文物》1994年第4期。

李零：《"方华蔓长，名此曰昌"——为"柿蒂纹"正名》，《中国国家博物馆刊》2012

年第 7 期。

李零:《山纹考——说环带纹、波纹、波曲纹、波浪纹应正名为山纹》,《中国国家博物馆馆刊》2019 年第 1 期。

李零:《说云纹瓦当——兼论战国秦汉铜镜上的四瓣花》,《上海文博》2004 年第 4 期。

李清泉:《引魂升天,还是招魂入墓——马王堆汉墓帛画的功能与汉代的死后招魂习俗》,载台湾大学美术史研究集刊编辑委员会:《美术史研究集刊》(第四十一期),台北:台湾大学艺术史研究所,2016 年。

李思思:《汉代建筑明器研究》,《中国国家博物馆馆刊》2012 年第 9 期。

李斯斌:《"壶梁"考义》,《四川师范大学学报(社会科学版)》2013 年第 4 期。

李绥成:《渭河三桥寻踪》,《文物天地》1998 年第 4 期。

李姗姗:《浅析汉画像鸡首人身神怪象征意义》,载中国汉画学会、河南博物院编:《中国汉画学会第十三届年会论文集》,郑州:中州古籍出版社,2011 年。

李银德、孟强:《试论徐州出土西汉早期人物画像镜》,《文物》1997 年第 2 期。

李日训:《试论山东鲁南汉墓出土的彩绘陶器》,载北京市大葆台西汉墓博物馆编:《汉代文明国际学术研讨会论文集》,北京:北京燕山出版社,2009 年。

练春海:《汉代玉胜研究》,《中国艺术时空》2014 年第 6 期。

林树中:《南朝陵墓石刻研究》,《新美术》1981 年第 1 期。

林通雁:《秦汉艺术中的海上神山及龟鱼之属——以水体园林和墓葬美术为例》,《西北美术》2016 年第 1 期。

林仙庭:《齐地八神与东夷古国》,载烟台市文物管理委员会、烟台市博物馆编:《胶东考古研究文集》,济南:齐鲁书社,2004 年。

刘敦愿:《马王堆西汉帛画中的若干神话问题》,《文史哲》1978 年第 4 期。

刘固盛、李海杰:《老学史中的杨朱思想——兼论〈列子〉书非伪》,《湖南大学学报(社会科学版)》2018 年第 1 期。

刘家骥、刘炳森:《金雀山西汉帛画临摹后感》,《文物》1977 年第 11 期。

刘兰华:《从墓葬出土陶器的变化看商周两汉时期丧葬文化的演变》,《景德镇陶瓷》1994 年第 1 期。

刘晓路:《临沂帛画文化氛围初探》,《中原文物》1993 年第 2 期。

刘晓路:《中国帛画研究 50 年》,《中国文化研究》1995 年第 4 期。

刘中伟:《郑州地区空心砖墓的初步研究》,《华夏考古》2011 年第 2 期。

刘子亮、杨军、徐长青:《汉代东王公传说与图像新探——以西汉海昏侯刘贺墓出土"孔子衣镜"为线索》,《文物》2018 年第 11 期。

鲁西奇:《汉唐时期王朝国家的海神祭祀》,《厦门大学学报》(哲学社会科学版)2017 年第 6 期。

陆锡兴:《考古发现的桃梗与桃人》,《考古》2012 年第 12 期。

罗二虎:《陕西城固出土的钱树佛像及其与四川地区的关系》,《文物》1998 年第 12 期。

罗二虎:《四川汉代砖石室墓的初步研究》,《考古学报》2001 年第 4 期。

罗二虎:《长宁七个洞崖墓群汉画像研究》,《考古学报》2005 年第 3 期。

罗福颐:《芗他君石祠堂题字解释》,《故宫博物院院刊》1960 年总二期。

马昌仪:《壶形的世界——葫芦、魂瓶、台湾古陶壶之比较研究》,《民间文学论坛》1996 年第 4 期。

马晓亮:《汉代翠鸟铜饰研究》,《考古》2011 年第 9 期。
马怡:《西汉末年“行西王母诏筹”事件考——兼论早期的西王母形象及其演变》,载中国社会科学院历史研究所文化史研究室编:《形象史学》(2016/上半年),北京:人民出版社,2016 年。
马雍:《论长沙马王堆一号汉墓出土帛画的名称和作用》,《考古》1973 年第 2 期。
马振林:《连云港双龙汉墓汉尺考》,载苏州博物馆编:《苏州文博论丛》(第一辑),北京:文物出版社,2010 年。
缪哲:《重访楼阁》,载巫鸿、朱青生、郑岩主编:《古代墓葬美术研究》(第二辑),长沙:湖南美术出版社,2013 年。
牛天伟:《汉晋画像石、砖中的“蚕马神像”考》,载朱青生主编:《中国汉画研究》(第 1 卷),南宁:广西师范大学出版社,2004 年。
牛天伟、牛一帆:《汉晋时期的“鸡首、牛首人身”神像新解》,《华中国学》2018 年秋之卷。
潘钰:《试论折叠菱纹镜的图形与布局》,载湖南省文物考古研究院所编:《湖南考古辑刊》(第 8 集),长沙:岳麓书社,2009 年。
庞政:《汉代“凤鸟献药”图像试探》,载王煜主编:《文物、文献与文化:历史考古青年论集》(第一辑),上海:上海古籍出版社,2017 年。
庞政:《核心与边缘:山东汉代画像石椁中的“壶山垂钓”图像——也说东海神话与昆仑升仙信仰地位的此消彼长》,载中山大学艺术史研究中心编:《艺术史研究》(第 26 辑),广州:中山大学出版社,2021 年。
彭景元:《马王堆一号汉墓帛画新释》,《江汉考古》1987 年第 1 期。
彭文:《从秦陵铜车马上的菱形纹样看秦文化与楚文化的交流》,《中原文物》2003 年第 1 期。
钱国祥:《北朝佛寺木塔的比较研究》,《中原文物》2017 年第 4 期。
商志]:《马王堆一号汉墓“非衣”试释》,《文物》1972 年第 9 期。
石峰:《略析连云港双龙汉墓出土的彩绘木尺》,载贺云翱主编:《长江文化论丛》(第八辑),南京:东南大学出版社,2012 年。
石守谦:《“干惟画肉不画骨”别解——兼论“感神通灵”观在中国画史上的没落》,载氏著:《风格与世变——中国绘画十论》,北京:北京大学出版社,2008 年。
宋治民:《论新野樊集汉画像砖墓及其相关问题》,《考古》1993 年第 8 期。
苏奎:《“三段式神仙镜”的图像研究》,《四川文物》2008 年第 4 期。
苏奎:《错金银抱鱼铜带钩的年代与内涵》,《中国国家博物馆馆刊》2017 年第 12 期。
孙机:《仙凡幽明之间——汉画像石与“大象其生”》,《中国国家博物馆馆刊》2013 年第 9 期。
孙作云:《马王堆一号汉墓漆棺画考释》,《考古》1973 年第 4 期。
孙作云:《评〈沂南古画像石墓发掘报告〉——兼论汉人的主要迷信思想》,载氏著:《孙作云文集》第四卷《美术考古与民俗研究》,开封:河南大学出版社,2003 年。
孙作云:《长沙马王堆一号汉墓出土画幡考释》,《考古》1973 年第 1 期。
孙作云:《中国傩戏史》,载氏著:《孙作云文集》第四卷《美术考古与民俗研究》,开封:河南大学出版社,2003 年。
索德浩:《汉画“东海太守”与“李少君”》,《考古与文物》2017 年第 1 期。
唐冶泽:《重庆三峡库区新出土神人手抱鱼带钩考》,《中原文物》2008 年第 1 期。

田野：《你看毕原下的石兽是什么时代的?》，《文物参考资料》1957年第5期。

汪悦进：《入地如何再升天?——马王堆美术时空论》，《文艺研究》2015年第12期。

王丹：《大河口西周墓出土龟形基座之我见》，《南方文物》2018年第3期。

王丹：《龟趺的缘起与流传》，《大众考古》2018年第6期。

王戈：《从伏羲、女娲到东王公、西王母——山东地区汉代墓祠画像石神话题材》，《美术研究》1993年第2期。

王娟：《汉画像石菱形类纹样衍变考释》，《四川文物》2015年第3期。

王恺：《苏鲁豫皖交界地区汉画像石墓的分期》，《中原文物》1990年第1期。

王苏琦：《鲁南苏北地区汉画像石西王母图像系统释名》，载浙江省博物馆编：《东方博物》(第十八辑)，杭州：浙江大学出版社，2006年。

王赛时：《古代山东的海神崇拜与海神祭祀》，《中华文化论坛》2005第3期。

王永波：《成山玉器与日主祭——兼论太阳神崇拜的有关问题》，《文物》1993年第1期。

王煜：《"车马出行—胡人"画像试探——兼谈汉代丧葬艺术中胡人形象的意义》，《考古与文物》2012年第1期。

王煜：《汉代"西王母与平台"图像试探——兼谈汉代的昆仑信仰及相关问题》，载王煜主编：《文物、文献与文化：历史考古青年论集》(第一辑)，上海：上海古籍出版社，2017年。

王煜：《汉代牵牛、织女图像研究》，《考古》2016年第5期。

王煜：《汉墓胡人戏兽画像与西王母信仰——亦论汉画像中胡人的意义》，《中原文化研究》2014年第5期。

王煜：《汉墓天门图像及相关问题》，《考古》2019年第6期。

王煜：《南阳麒麟岗汉画像石墓天象图及相关问题》，《考古》2014年第10期。

王煜：《山东长清孝堂山祠堂山墙画像整体考释》，载丁宁、李凇主编：《2012年北京大学美术学博士生国际学术论坛论文集》，西安：陕西师范大学出版总社有限公司，2013年。

王煜：《四川汉墓画像中"钩绳"博局与仙人六博》，《四川文物》2011年第2期。

王煜：《四川雅安汉墓出土"双兽搏斗"石雕及相关问题》，《中国国家博物馆馆刊》2012年第6期。

王煜：《象天法地：先秦至汉晋铜镜图像寓意概说》，《南方文物》2017年第1期。

王煜：《也论汉代壁画和画像中的鱼车出行》，《考古与文物》2013年第3期。

王煜：《也论汉墓中的"天仓"——兼谈汉代人有无升天观念》，《四川文物》2019年第4期。

王煜：《也论马王堆汉墓帛画——以阊阖(璧门)、天门、昆仑为中心》，《江汉考古》2015年第3期。

王元林、李华云：《东海神的崇拜与祭祀》，《烟台大学学报》(哲学社会科学版)2008年第2期。

王泽庆：《汉代陶塑绿釉百戏楼模型》，《晋阳学刊》1982年第1期。

王中旭：《敦煌佛爷庙湾墓伯牙弹琴画像之渊源与含义》，《故宫博物院院刊》2008年第1期。

王仲殊：《建安纪年铭神兽镜综论》，《考古》1988年第4期。

闻一多：《神仙考》，载氏著：《闻一多全集3·神话编、诗经编上》，武汉：湖北人民出版社,1993 年。

[美] 巫鸿:《马王堆一号汉墓中的龙、壁图像》,《文物》2015 年第 1 期。

[美] 巫鸿:《引魂灵璧》,载巫鸿、郑岩主编:《古代墓葬美术研究》(第一辑),北京:文物出版社,2011 年。

[美] 巫鸿著,梅玫等译:《玉骨冰心:中国艺术中的仙山概念和形象》,载氏著:《时空中的美术:巫鸿中国美术史文编二集》,北京:生活·读书·新知三联书店,2016 年。

[美] 巫鸿著,郑岩、王睿编:《汉代道教美术试探》,载氏著:《礼仪中的美术:巫鸿中国古代美术史文编》,北京:生活·读书·新知三联书店,2005 年。

[美] 巫鸿著,李淞译:《论西王母图像及其与印度艺术的关系》,《南京艺术学院学报(美术版)》1997 年第 3 期。

[美] 巫鸿著,孙妮译:《"阴阳理论"与汉代西王母东王公形象的塑造——山东武梁祠山墙画像研究》,《西北美术》1997 年第 3 期。

吴小平:《汉代中原系刻纹铜器研究》,《考古与文物》2014 年第 4 期。

武玮:《汉晋时期神人手抱鱼图像释读》,《东南文化》2011 年第 6 期。

席育英:《国家博物馆藏铜钱树》,《中国历史文物》2006 年第 4 期。

[日] 小南一郎著,朱丹阳、尹ús奎译:《壶形的宇宙》,《北京师范大学学报》1991 年第 2 期。

[日] 小南一郎著,孙昌武译:《西王母与七夕文化传承》,载氏著:《中国的神话传说与古小说》,北京:中华书局,2006 年。

谢荔:《泸州博物馆收藏汉代画像石棺考释》,《四川文物》1991 年第 3 期。

邢义田:《古代中国及欧亚文献、图像与考古资料中的"胡人"外貌》,载台湾大学美术史研究集刊编辑委员会:《美术史研究集刊》(第 9 辑),台北:台湾大学艺术史研究所,2000 年。

徐进、张蕴:《西安曲江池汉墓白垩线描壁画探析》,载陕西省考古学会编:《庆祝武伯纶先生九十华诞论文集》,西安:三秦出版社,1991 年。

徐琳:《河北中山王刘畅墓出土玉座屏及"西王母"图像考》,《中原文物》2008 年第 1 期。

晏新志:《汉长安城太液池、昆明池石鲸考》,《文物天地》2016 年第 6 期。

燕生东、刘智敏:《苏鲁豫皖交界区西汉石椁墓及其画像石的分期》,《中原文物》1995 第 1 期。

燕燕燕:《滕州西户口一号、二号祠堂画像石中榜题图像考》,载中国汉画学会、河南博物院编:《中国汉画学会第十三届年会论文集》,郑州:中州古籍出版社,2011 年。

叶舒宪:《牛头西王母形象解说》,《民族艺术》2008 年第 3 期。

游振群:《马王堆汉墓帛画研究综述》,载陈建明主编:《湖南省博物馆馆刊》(第七辑),长沙:岳麓书社,2011 年。

于豪亮:《"钱树""钱树座"和鱼龙漫延之戏》,《文物》1961 年第 11 期。

余英时:《中国古代死后世界观的演变》,载氏著:《余英时文集 2·中国思想传统及其现代变迁》,桂林:广西师范大学出版社,2014 年。

俞伟超、信立祥:《孔望山摩崖造像的年代考察》,《文物》1981 年第 7 期。

俞伟超:《含山凌家滩玉器和考古学中研究精神领域的问题》,载《文物研究》编辑部编:《文物研究》(第五辑),合肥:黄山书社,1989 年。

张从军：《战国铜镜纹样释读》(上)，《文物鉴定与鉴赏》2012 年第 2 期。

张朋川：《河西出土的汉晋绘画简述》，《文物》1978 年第 6 期。

张庆、方敏、杨朝辉：《楚国丝绸中的菱形纹与北极星研究——一种基于古天文学的阐释》，《丝绸》2019 年第 7 期。

赵川：《连云港海州双龙汉墓 M1 的几个问题》，《江汉考古》2014 年第 2 期。

赵殿增、袁曙光：《"天门"考——兼论四川汉画像砖(石)的组合与主题》，《四川文物》1990 年第 6 期。

赵建平、周效荣：《摇钱树形灯》，《甘肃金融》2002 年增刊二。

赵逵夫：《有关"牵牛织女"传说的一首诗与〈易林〉的作者问题》，《古籍整理研究学刊》2010 年第 4 期。

赵吴成：《河西墓室壁画中"伏羲女娲"和"牛首人身、鸡首人身"图像浅析》，《考古与文物》2005 年第 4 期。

郑岩：《风格背后——西汉霍去病墓石刻新探》，载氏著：《逝者的面具：汉唐墓葬艺术研究》，北京：北京大学出版社，2013 年。

周书灿：《再论中国古典学重建问题——以列子时代考订与〈列子〉八篇真伪之辨为例》，《浙江社会科学》2017 年第 8 期。

朱存明、李姗姗：《汉画像西王母神怪侍者研究》，载中国汉画学会、河南博物院编：《中国汉画学会第十三届年会论文集》，郑州：中州古籍出版社，2011 年。

朱钢：《"安期生"考》，《文化遗产》2008 年第 1 期。

四、外文文献

［英］Michal Loewe, *Ways to Paradise: the Chinese Quest for Immortality*, George Allen & Unwin, 1979.

［美］Jean M. James, *An iconographic Study of Xiwangmu During the Han Dynasty*, Atibus Asiae Vol. LV, 1/2, 1995.

［日］曾布川宽：《漢代畫像石における昇仙圖の系譜》，《东方学报》(第 65 册)，1993 年。

［日］曾布川宽：《昆仑山と升仙图》，《东方学报》(第 51 册)，1979 年。

［日］曾布川宽：《崑崙山への昇仙：古代中国人が描いた死後の世界》，东京：中央公论社，1981 年。

［日］"中國古鏡の研究"班：《漢三國西晉紀年鏡銘集釋》，《东方学报》(第 87 册)，2012 年。

［日］冈村秀典：《後漢鏡銘の研究》，《东方学报》(第 86 册)，2011 年。

［日］林巳奈夫：《汉镜の图柄二、三について》，《东方学报》(第 44 册)，1973 年。

［日］林巳奈夫：《漢代鬼神の世界》，《东方学报》(第 46 册)，1974 年。

［日］梅原末治：《漢三國六朝紀年鏡圖說》，京都：桑名文星堂，1943 年。

［日］森雅子：《西王母の原像：中国古代神話における地母神の研究》，《史学》(第 56 卷第 3 号)，1986 年。

［日］小南一郎：《壺型の宇宙》，《东方学报》(第 61 册)，1989 年。

后　记

　　这本小书是在我的本科学位论文的基础上修改而成的。时光飞逝,距离 2016 年本科毕业已逾七载,犹记当年数易题目,整日忧心忡忡,最终在霍巍、王煜教授的帮助下,交稿前不足两月时才最终确定"汉代东王公图像"这个题目。此后进入研究生阶段的学习,确定以"秦汉时期蓬莱神仙信仰的考古学综合研究"作为博士论文的题目。如今回想本科阶段开始接触到昆仑、西王母信仰和东王公的时候,我已经在思考蓬莱信仰又是如何,两者间具有怎样的关系这些问题了,奈何学力浅薄以及有关蓬莱的研究为数不多,当时未能在蓬莱问题上进一步发力。东王公与蓬莱信仰关系密切,在撰写博士学位论文时,我将本科论文修改后作为博士论文的其中一个章节。后在霍巍和王煜教授的提议和支持下,将东王公一章先行单独出版,便是呈现在读者面前的这本小书。虽然进行了相当程度的调整和修改,但毕竟某些内容写作时间久远,无法摆脱本科稚嫩之气。

　　求学至今,有太多感谢的话要说。2012 至 2020 年的八年间我一直跟随霍巍教授求学,现在他也是我的博士后合作导师。霍巍教授是一位良师益友,他严谨的治学态度、渊博的知识、创新的思维和高尚的人格给我留下了深刻的印象,并将使我受益终身。王煜教授为人和蔼可亲,主动与学生打成一片,手把手地教我如何查阅文献、如何梳理资料等,让我获得了独立开展研究的能力。

在本书的写作和出版过程中有赖各位师友的帮助。山东博物馆杨爱国教授、华东师范大学朱浒教授、江西省文物考古研究院杨军研究员曾给予我很多有益的思路和建议。成都博物馆苏奎老师和北京大学汉画研究所徐呈瑞老师提供了多幅高清文物照片,使相关研究得以深化。我的硕士研究生王丁浦同学在本书资料收集和整理方面提供了帮助。在四川大学历史文化学院考古系八年的求学生涯中,各位老师对我的成长提供了很大的帮助,向他们表达诚挚的敬意。最后还要感谢四川大学历史文化学院支持本书的出版,上海古籍出版社宋佳、董瑾编辑细致认真的工作使得本书的错漏得以修正。在本书修改过程中,曾获得四川省社会科学"十四五"规划 2021 年度青年项目的资助(项目批准号:SC21C025)。

父母是我成长旅途中的护航员,像一株大树,在季节的轮回中坚守家园,撑一树浓阴默默付出。我的妻子钟紫伊女士,对我的生活和工作提供了无微不至的关心。各位亲友陪我走过了人生的每一个重要时刻,这本小书有他们的一份功劳。

进入四川大学考古系求学已十年有余,这本小书和将要出版的博士论文算是对学术生涯第一个十年的总结。前路漫漫,学海无涯,积极拥抱下一个十年。

2023 年 7 月 22 日于蓉城寓所

图书在版编目(CIP)数据

汉代东王公图像研究 / 庞政著. —上海：上海古
籍出版社，2023.8
（汉唐考古与中华文明系列丛书）
ISBN 978-7-5732-0778-4

Ⅰ.①汉… Ⅱ.①庞… Ⅲ.①神话－人物形象－研究
－中国－汉代 Ⅳ.①B932.2

中国国家版本馆 CIP 数据核字(2023)第 143514 号

汉唐考古与中华文明系列丛书
汉代东王公图像研究
庞 政 著
上海古籍出版社出版发行
（上海市闵行区号景路 159 弄 1-5 号 A 座 5F 邮政编码 201101）
（1）网址：www.guji.com.cn
（2）E-mail：guji1@guji.com.cn
（3）易文网网址：www.ewen.co
常熟市人民印刷有限公司印刷
开本 890×1240 1/32 印张 5.5 插页 5 字数 123,000
2023 年 8 月第 1 版 2023 年 8 月第 1 次印刷
印数：1—1,800
ISBN 978-7-5732-0778-4
K·3413 定价：58.00 元
如有质量问题，请与承印公司联系